中国古代十大思想家

朴素唯物论者王夫之

李朝阳　主编

黄河出版传媒集团
阳　光　出　版　社

图书在版编目（CIP）数据

朴素唯物论者王夫之 / 李朝阳主编. —— 银川：阳光出版社，
2016.8（2020.12重印）
（中国古代十大思想家）
ISBN 978-7-5525-2945-6

Ⅰ. ①朴… Ⅱ. ①李… Ⅲ. ①王夫之（1619-1692）
－哲学思想 Ⅳ. ①B249.2

中国版本图书馆CIP数据核字(2016)第214670号

中国古代十大思想家　朴素唯物论者王夫之　　李朝阳　主编

责任编辑　金小燕
封面设计　民谐文化
责任印制　岳建宁

黄河出版传媒集团
阳　光　出　版　社　出版发行

出 版 人　薛文斌
地　　址　宁夏银川市北京东路139号出版大厦（750001）
网　　址　http：//www.ygchbs.com
网上书店　http：//www.shop129132959.taobao.com
电子信箱　yangguangchubanshe@163.com
邮购电话　0951-5047283
经　　销　全国新华书店
印刷装订　河北燕龙印刷有限公司
印刷委托书号　（宁）0019179

开　　本　710 mm×1000 mm　1/16
印　　张　9
字　　数　168千字
版　　次　2016年11月第1版
印　　次　2021年1月第2次印刷
书　　号　ISBN 978-7-5525-2945-6
定　　价　27.00元

前　言

在中华民族长达五千年的历史长河中，勤劳勇敢的中国人凭借自身的聪明才智，创造了曾经领先于世界的古代物质文明，也创造了处于世界前列的古代精神文明。中国优秀的传统文化源远流长，深深根植于中华民族生存和发展的"土壤"中。

中华文化之所以能够屹立于世界民族之林，其原因是多方面的，其中十分重要的一点，就是智慧的中华民族，在长期的生产活动、社会活动、思维活动的过程中，逐渐创造、积累和发展了具有以生生不息的内在思想活力为核心的优秀传统文化。这些是"中华魂"的一个表现方面，是国学不可或缺的一个部分，是中华民族伟大而坚强的精神支柱，是民族凝聚力和生命力之所在，是亿万炎黄子孙引以为豪的无价之宝。

当然，我国的传统文化既有精华，又有糟粕。因此，我们持全盘肯定或全盘否定的态度是不对的。而一知半解、信口开河或以漠然的态度对待我们宝贵的传统文化同样也是不对的。

经过了一个多世纪的巨大的社会实验的验证，我们终于明白了一个道理：发展并不是一味地摒弃过去，发展的障碍往往是对过去的不屑一顾。也就是说，为了更好地走向未来，我们不能同过去的一切彻底决裂，甚至将过去彻底砸烂；而应该妥善地利用过去，在过去这块既定的地基上构筑未来大厦。如果眼睛高于头顶，只愿在白纸上构筑美好的未来，那么，所走向的绝不会是真正的未来，而只能是空中楼阁。

那么，我们该用怎样的态度去对待我们的传统文化呢？

1. **取精华，弃糟粕**。对待中国传统文化，就应该持辩证否定的态度，就像筛选谷物一样，去粗取精，去伪存真，就不会犯"要么肯定一切，要么否定一切"的形而上学错误。研究、分析中国的传统文化不是过多地探讨古人具体离奇的故事，而应有选择地学习民族精神中的独特优点和汲取精华部分。

例如儒家的"三纲五常"，如果依现代人看来，明显是糟粕，但是"三纲五常"最初的含义则是要我们对长辈、父母有一颗感激的心：比如"父为子纲"是发展到了一种极端的状况，开始的时候只是一种心灵的活动，父母养育子女，子女应该懂得感激和回报。这样，双方的心灵就会有一种互动，感受到对方的心意，这时，"情"才会出来，这就是性情的学问。如果从这个角度而言也有其可取之处的。再例如"君为臣纲"，封建社会要求臣下愚忠于皇帝，但皇帝是封建最高统治者，用皇帝的"朕即国家"来说，那也是爱国，忠君是糟粕，爱国却永远正确。

2. **淡形式，重内容**。形式和内容的关系是复杂的：同一内容，由于条件不同，可以有多种形式；同一形式也可以表现不同的内容；新内容可以利用旧形式，旧内容也可以利用新形式。内容与形式的关系并不是并列的、没有主从之分的，在两者之间，内容起着主导的、决定的作用。内容决定形式，形式为内容服务，这是文学作品内容和形式的一般关系。

我们学习传统文化也是如此，"师古不泥古，师古不复古"，并不是穿汉服、行官礼才是传统文化。学习传统文化要重在领会传统文化的精神和思想理念，其目的是为了滋养人格，领悟思想，改善行为。

3. **既传承，又创新**。创新，是传承基础上的创新，继承也是创新基础上的继承。继承传统的目的并不是固守传统，而在于推陈出新。创新是继承中的变革，渐进中的变革。传统文化要"古为今用"，弘扬传统文化时要注意传承，更要创新。

4. **先要学，后要用**。孔子说："学而不思则罔"。学习重在学用结合。只有学用结合，才能取得良好的学习成果。与纯粹的历史学不一样，弘扬中国传统文化有追求现实进步的含义，是"扬善"和"留美"，既要学，更在用，不是"坐而论道"，这是传统文化在新时期的价值归宿。即使是提倡"清静无为"的道学，老子在《道德经》中也是倡导"以正治国、以奇用兵、以无事取天下",而不是一味在书房朗诵"道可道,非常道"。

如儒家的"上善若水,厚德载物"思想,完全"古为今用"。其大致意思是:人的善心应该像水一样。水善于滋润万物而不与万物相争,停留在众人都不喜欢的地方,因此最接近于"道"。最善的人,最善于选择地方,心胸善于保持沉静而深不可测,待人善于真诚、友爱和无私,说话善于恪守信用,从政善于精简处理,能把国家治理好,做事能够善于发挥所长,行动善于把握时机。最善的人所作所为正因为有不争的美德,因此没有什么过失,也就没有咎怨。

"上善若水,厚德载物"也是现代很多企业价值观的核心。结合现代企业而言,企业所提供的产品或者服务本身就是服务于民众,解决社会的一些供求矛盾,而不是单纯的利润追求,这本身就是为善。当他们在为社会和民众服务得到一定的利润后,继而考虑把利润中的一部分拿出来继续投入到社会的发展中去,当然这也包含企业投入成本提高服务的品质或者产品的科研开发等等,而更重要的是很多企业也把很多的利润拿出来为社会的公益事业服务。

纵观我国古代思想史,最有成就和影响最大的十位思想家是:老子、孔子、孟子、庄子、荀子、董仲舒、朱熹、王阳明、黄宗羲、王夫之。他们的思想反映了中国古代思想发展的主要线索。

在物质欲望极度膨胀、科技文化高度发达的现代社会,许多人陷入了超重的生活而不自知。所以,现代人寻找精神家园、追寻生命的本真、探索思想的原始呼声就越来越高。

在本套丛书中,我们深入浅出地分析了中国古代对后世影响最深远的十大思想家的思想观念,力图呈现他们的思想特质。我们萃取他们的人生智慧,以期对现代人有所启迪。有人在怀疑古代思想家的智慧是否已经过时了,我们要说的是:古代十大思想家的智慧不会过时,历史的风雨不会使他们的智慧褪色。他们的智慧是人类的大智慧,既然是人类的大智慧应当属于所有的时代。他们的很多思想精髓能够滋养我们的精神,他们的很多人生智慧都能帮助我们解决现实的人生问题。

　　十大思想家似人世间的棋艺高手，以人世间的大智大慧将做人原则和治世理念，生存体验与生活智慧，精神境界和价格修养等等摆在一张棋盘上，不断变幻出深奥的棋局。他们以人性的目光关注纷繁复杂的社会人情，他们看重道德修养，他们的思想影响着中国封建社会几千年的礼乐文化、政治文化、制度文化、伦理道德、思维方式、价值观念、风俗习惯甚至治国安邦的总体思路。这些都是我们中华民族宝贵的精神财富。

　　让我们一起来聆听圣哲教诲，汲取人文给养吧！

目　录

第一章　王夫之一生轨迹

　　王夫之，明清之际杰出的哲学家、思想家，与顾炎武、黄宗羲并称明清三大学者。早年求学于岳麓书院，师从吴道行。明亡后，清顺治五年（1648年），王夫之在衡阳举兵抗清，兵败无望之时乃决心隐遁。王夫之三十三岁时就开始辗转湘西以及郴、永、涟、邵间，窜身瑶洞，伏处深山，后回到家乡衡阳潜心治学，在石船山下筑草堂而居，人称"湘西草堂"，王夫之自署船山老农、船山遗老、船山病叟等，学者称其为"船山先生"。船山刻苦研究，勤恳著述，垂四十年，始终未剃发，得"完发以终"。这是一个孤高耿介的人，是一个中国知识分子中稀有的人。

家世家风

　　明万历四十七年己未九月初一（1619年10月17日），一代大儒王夫之，诞生在南岳衡山回雁峰、湖南衡州府城南王衙坪（今属衡阳市）一个正趋没落的在野知识分子家庭。

　　衡阳王氏，祖籍太原，出自姬姓之后。一世祖王仲一为江南扬州府高邮州人，元末起兵，从明太祖朱元璋渡江走中原，功官山东青州左卫正千户。永乐初，二世祖王成从明成祖朱棣南下，以功擢升怀远将军轻车督尉，世衡州卫指挥金事，遂籍衡州。以下六代至六世祖王震，船山家世均以武功显。至王夫之高祖王宇（号一山居士），"始以文墨教子弟，起家儒素"；曾祖王雍，"以文名著南楚"，任过县教谕等学官，家境渐殷实。但到夫之的祖父王惟敬（少峰公）时，隐处自怡，饬家方严，但不事家人生产，渐趋没落，以致死时"囊不名一钱"。

王夫之像

父亲王朝聘（1570－1647年），字逸生，又字修侯，少年时跟随衡阳有名的学者伍定相学习，成为研究天文、地理、经史、兵法、农林、水利的饱学秀才，一生在家乡讲学授徒，以武夷朱学为志，学生尊称武夷先生。王朝聘汲汲于科举考试却遭遇坎坷，七次乡试皆"名落孙山"，到王夫之三岁时，他再一次参加乡试，本已被主考官赏拔，但以对策中触犯了副考官的名讳而被置于副榜，只有资格到北京国子监就读，此时他已53岁。从天启元年至崇祯四年（1621～1631年），王朝聘就读国子监十年之久。肄业后，他以优异成绩本可任官，但因拒绝纳贿，终于愤然当面撕毁委任状牒，拂袖而归。从此，绝意仕进，洗心退藏，息影家园，授徒课子，以处士终老。王朝聘毕生精研《春秋》之学，华夷之辨正是首要大义，其学术成果更被夫之直接继承和发挥，撰有《春秋家说》《春秋世经》等，成为船山学的重要方面。王朝聘一生坚持个人节操和民族大义，耿介不阿，正气凛然。

身经明清易代之际，颠沛流离于荒山野谷，而临终时遗嘱王夫之兄弟：誓不降清。

王夫之叔父王廷聘（1576～1647年），字蔚仲，号牧石，也曾问学于伍学父，是一位文史知识极为丰富的乡居饱学秀才。他对王夫之的智慧和性格的成长有过重大影响。王夫之16岁开始学诗，即受教于其叔父王廷聘。王廷聘见其兄屡试不第，早已蔑弃功名，自甘退隐林泉。显然，王廷聘对王夫之日后的生活道路和学术思想也有所影响。

王夫之长兄王介之（1606～1685年），字石崖，号耐园、铿斋，也是一位乡居饱学秀才，一生严于律己，授徒为生。王介之年长王夫之12岁，介之毕生致力于经学，对《春秋》研究尤精，著有《"春秋四传"质》《"春秋"家说补》《"周易"本义质》《诗序参》《诗经尊序》等书。王夫之四岁入塾发蒙，即由其长兄教读，到七岁时已读毕十三经。

生活在这样的家庭中，王夫之不仅在经、史、文学方面打下很深厚的基础，而且在人格形成方面受到了感染。他少年时攻读的书籍多数是儒家经典，家庭成员笃行礼教，所以忠孝二字是他思想中牢不可破的观念。古来把忠孝与爱国看作是同一个思想体系，他后来以一介书生，招募义兵，抗击清人，不是一时冲动的结果。王夫之父子也许受名教影响太深了，他们不把入仕做官看作是谋取货财的手段，而把它看作行道济世的资籍，君臣合义，合则尽力事之，不合则毅然去之，这叫做"易禄而难畜"，他们有明确的是非界线，同志合道、忠良正直则引为知己，奸诈邪恶则嫉之如仇，所以王朝聘不惜离乡背井在京城蹉跎10年，不肯纳贿取辱，而王夫之日后追随永历流亡政府，奸邪当道，便很快引退。至于学问之道，这个家庭教给他的最重要的东西恐怕就是独立思考和求实精神。

少负隽才

王夫之自幼"颖悟过人"，四岁时就与二哥参之同入家塾，跟长兄介之读书。介之已于现年考入湖南衡阳县学。由于家境贫困，其父又应贡入京，因此，介之不得不一边读书一边当私塾先生以补贴家用。长兄如父，对两个弟弟，王介之严而又慈。在介之的教导督促下，夫之七岁便已读完了十三经，八岁便肄业私塾。这一年，父亲王朝聘肄业国子监，自京而归，但因拒绝贿赂仅仅得了正八品。

崇祯元年（1628 年）夫之十岁，开始跟随父亲学习经义。此后数年，王夫之阅读大量古代哲学与史学经籍。经学是封建科举的敲门砖。广博的经学阅读，深厚的经学根底，为王夫之举业打下了扎实的经学基础。崇祯五年（1632 年），十四岁的王夫之一举考中秀才。王夫之智慧聪颖、才气横溢，被湖广提学佥事王志坚选拔到衡阳县学深造。两年时间，王夫之尽读州学所藏书。

少年时代的王夫之也不乏普通儿童的调皮淘气。晚年回首往事，他说那时常犯"口过""早岁披猖"，惹得父亲不高兴，常常十天半月不再理他，直到他内心自觉认错，涕泣求改时才给以教训，气极了有时也会"夏楚（戒尺）无虚旬，面命无虚日"。不过父亲不爱翻旧账，一经说过，终生不提往事。他并不总是向孩子板起面孔，有时也把他们兄弟召集在一起，一面饮酒，一面劝导他们做人要谦逊和气，远利蹈义，说至动情处，间或还掉下眼泪。他允许孩子们有正当的游戏，让他们摆棋对弈，但从不许学六博（格五）击球和游侠生事。回忆往事是令人愉悦的，尤其是孩提时代的事情，即便在当时是教人头痛、伤心的事情，回味起来也会滋味无穷。

崇祯六年（1633 年）夏，十五岁的王夫之同两位哥哥到武昌应乡试，都没有考取。九月返乡后，王夫之回到县学继续学习。在县学的四年中，他饱览县学藏书，一心进学，两次县学考试都名列第一，深得县学主教、湖广提学佥事水佳允赏识。崇祯九年（1636 年），十八岁的夫之又和两个哥哥到武昌应乡试，再次落榜。两次考试都没能中举，他感到既茫然不快，又强烈渴望，跃跃再试。他写下《荡妇高楼月》《黄鹄矶》两首诗抒发情怀：

> 白云不觉飞，但见月东去。
> 碧海浸迢遥，瞥眼多疑误。
> 妾梦恋金微，君今在何处？

汉阳云树色，倒影入江流。

海气东风合，秦云晚照收。

仙踪疑费吕，霸气想孙刘。

我欲骑鲸去。无心问蒯缑。

两诗情景交融，借梦写实，托史抒怀，生动形象地表达了作为一名年轻的封建知识分子对科举仕途的强烈向往。

崇祯十年（1637年）春，王夫之迎娶同邑处士陶万吾之女，是为陶夫人。陶夫人出身富庶，但从不因此而乖戾娇纵。婚后不久，王夫之于同年夏天开始跟叔父牧石公读史与诗。在此期间，王夫之读诗不下十万首。凡《诗经》《离骚》《汉魏乐府》，以及六朝、唐、宋的诗集，都在他的研究之列。

崇祯十一年（1638年），王夫之来到省城长沙，就读岳麓书院。岳麓书院久负盛名，是南宋朱熹、张栻讲学的故地，湖湘学派的摇篮。当时主教岳麓书院的山长是"以朱张为宗"、为学主张经世致用、和东林学派遥相呼应的著名学者吴道行。王夫之求学岳麓书院师从吴道行期间，深受书院经世致用学风和爱国主义传统的影响，对他以后学术思想的形成起了很大的作用。游学岳麓书院期间，王夫之参加了邝鹏升（字南乡）等组织的"行社"，后邝鹏升死，王夫之为之写《南乡公墓志铭》说："夫之等肄业岳麓，与公订'行社'，聚首论文，相得甚欢。""行社"似以"论文"为主，然强调躬行实践，亦有深意。次年，崇祯十二年（1639年），王夫之在衡州与好友郭凤跹、管嗣裘、文之勇等组织"匡社"。王夫之有《匡社初集》诗一首：

我识古人心，相将在一林。

以南偕雅化，意北任飞吟。

莫拟津难问，谁言柜可寻。

良宵霜月好，空碧发笙音。

王夫之连续两年结社，是晚明士人结社蔚然成风的反映，也说明青年夫之关

岳麓书院

心时政、积极入世的政治态度与当时社会统治阶级内部的进步势力一致。

崇祯十四年（1641 年），湖广提学金事高世泰岁试衡阳（相当于州县科试预试），列王夫之文章为一等，评其文章"忠肝义胆，情见乎词"。崇祯十五年（1642 年），王氏三子都准备赴武昌应试，结果，次子参之因父母春秋已高，留在家中服侍双亲没有成行。二十四岁的王夫之与长兄王介之同时考中举人。那一年衡阳共有 7 人中举，王氏独居其二，其余 5 人李国相、管嗣裘、邹统鲁、郭凤蹑、包世美，除了武夷门人，便是夫之兄弟的好友。王夫之以《春秋》第一考中第五名，受到督学高世泰、考官欧阳霖、章旷等的器重。不过此时明朝的江山已经危在旦夕，李自成、张献忠的义军越剿越盛，横行大江南北，督抚州县无能御之；崛起山海关外的清人屡犯边关，守军节节败退；而贵戚官僚却仍在覆巢之下争权夺势，贪污盗窃，一些政治敏感性较强的士大夫已经察觉了亡国的兆头，内心充满了忧惧不安。武昌乡试华亭人沔阳知州章旷担任分考，考试结束后接见了王夫之这位年轻的考生，谈话中意味深长地将夫之引为知己，互相勉励；五年后，降将孔有德率清兵进入两湖，这位在国难深重之际才被永历皇帝推上阁臣高位的官吏率孤立无援之师日夜转战于荆楚各地，其间王夫之与他不断书信往来，献计献策，然而明亡已成定局，他们努力的结果除了以身殉国便别无选择。另一位分考官是长沙推官晋江人蔡道宪，出场后与夫之也谈到国势不支，相互砥砺的话，第二年就死于张献忠入湘之役了。

王夫之兄弟二人同时中举，其父十分高兴。十一月，武夷公督促兄弟二人取道南昌去北京等候会试。不料次年（1643 年）五月，张献忠由南京沿江而上攻占武昌，杀死楚王，长沙大震。当时长沙还有一部分兵力，湖广巡抚王聚奎率一部驻袁州，承天巡抚王扬基所部千余人驻岳州，长沙推官蔡道宪募练乡勇 5000 余人，他们先守岳州，但二王畏敌如虎，八月，张献忠兵至岳州，很快就攻陷城池，他们只好退守长沙。坚守三日，王聚奎为了保全实力，以出战为名，抽身先逃了。转战六余年的李自成农民起义军由被动防御变为主动进攻，明军被起义军打得大败，江南为之大震。崇祯帝于十六年（1643 年）正月下诏将礼部会试延期到八月举行。眼见北上无望，王夫之与哥哥王介之由南昌返归家乡。

返回家乡后，王夫之还没有意识到局势的急转直下，仍然埋头苦读做会试准备。崇祯十六年（1643 年）春，王夫之刻印了他的第一部诗集《漘涛园初集》。但时代潮流迎面冲来，使他首经严峻考验。

自正月起，张献忠部势如破竹。崇祯十六年（1643 年）秋八月，张献忠农民军攻克武昌，将明楚王朱华奎投江，将其搜刮的大量金银散赈饥民；接着进军长沙，发布揭露明王朝罪恶的檄文，一举攻克了常德，抄没了大官僚豪绅杨嗣昌的家，将其霸占的田地"查还小民"。十月，张献忠部占领了衡州。为了扩充起义军的力量，张献忠于所克州县署置官吏，执行农民军"招贤纳士"的政策。张献忠在衡阳了解到了王夫之等人的品行才干，指名招请新中举人、名闻乡里的王夫之兄弟及好友管嗣裘等参加农民政权。王夫之兄弟站在封建君统的立场上不愿与农民起义军合作，在舅父谭允琳的引导下连夜逃往南岳莲花峰（又名双髻峰）下黑

张献忠像

沙潭畔。农民军拘捕了王夫之的父亲王朝聘，劝其将王夫之兄弟招来。为了全家脱身，王夫之将自己手脸刺伤，敷以毒素，装作重伤样，叫人抬至郡城，表示病重，不堪重用，又谎称大哥已死，农民军这才不再勉强，放他父子俩回家。

在二十五岁以前，王夫之的人生主要是求学与举业。他熟读儒家经典，学诗作文，四次赴武昌乡试，以图通过科举进入仕途。与此同时，他两次结社，旨在躬行务实，匡扶社稷，表现了青年夫之对"渐不可支"的国家以及个人前途（确切地说仕途），满怀抱负，少年大志，随时准备为民族国家出力。然而，明清更替，历史变迁，他的理想与命运由之有了新的演绎。

痛心国变

1644 年正月，李自成在西安建政，国号"大顺"，建元"永昌"。二月，李自成率大军出潼关至太原，发表《东征宣言》，直捣北京。3月19日，李自成攻占北京，崇祯帝朱由检登煤山（北京景山）自缢，明朝亡。四月，李自成即位称帝，复社名士周钟代拟"登极诏"，方以智等被留任翰林院编修。四月，吴三桂引清兵入关，清兵败走李自成。五月，睿亲王多尔衮攻占北京，明凤阳总督马士英等迎立福王朱由崧在南京即帝位。十月，清世祖于北京登基，改崇祯十七年为顺治元年。时清兵与明军、李自成转战华北、西北，江淮以南地区仍奉明纪元。而于正月入川的张献忠相继攻破夔州、涪州、重庆、成都诸州后，十一月于成都称王，国号大西，改成都为西京。

李自成像

王夫之对变化多端的时局非常关心。自张献忠入蜀，湖南稍宁，他就常走出南岳双髻峰，到外面活动，打听时局消息。正月，他赴邵阳。三月，他走武冈。五月，惊闻崇祯帝自缢，他悲痛万分，作《悲愤诗》一百韵。

清军南下后，实行武力征服及民族奴役政策。清兵攻克扬州后，纵兵屠杀，使扬州城遭受一场骇人听闻的劫难，变成人间地狱，十日之内，死难的人数仅焚尸簿上就达 80 万之众，落井投河，闭门焚缢者尚不在其数。清人还陆续颁布了"圈地令""严禁逃人令"，尤其强行剃发令，使中国士人无法忍受。他们历来认为身体发肤，受之父母，行父母之遗体，不敢不慎，倘若剃去头发，将置父母于何地？这些野蛮的政策使汉人将生死置之度外，与其坐而待毙，不如奋起反抗。农民军也奋起反击，成为广大人民抗清斗争的主力。面对这一被视为"地裂天倾"的大变局，王夫之滋长了强烈的民族意识，把仇恨转向清朝统治者及无耻降清的败类，并因而逐步改变了对农民军的态度，把希望寄托于联合农民军来抗击清军。

这一政治感情的变化，重新判别敌、友、我关系，把民族大义放在一切正义的首位，是王夫之一生重大的思想转折，但这并非来自书本，而是来自投身社会实践所受到的客观现实的教育。

王夫之一家居住双髻峰时，草舍狭窄，且不坚固，就在好友夏汝弼等帮助下访址、修建了"续梦庵"，作为避兵常居之所。居续梦庵随后的两年，王夫之一边侍老父避兵奔波，一边密切关注两湖及全国的抗清斗争。

清人福临虽然登基做了皇帝，但中国幅员广大，清人一时不能全部占领，于是南京的守臣马士英伙同东林党死敌阮大铖在南京拥立福王，建号弘光。这时候社会的混乱已经难以言喻，偏安的南明政府并没有因为北都陷落、皇帝殉国整肃纪纲，守土抗敌，反而继续相互倾轧，陷害忠良；有些梦想富贵的人假冒皇妃、皇储纷纷来到南京，弄得舆论大哗，流言四播，城内常常有士大夫甚至乞丐，娼妓投河自杀、悬梁自尽或纵火自焚；强暴之徒趁势杀人越货，穿墙入室。历史上南渡的政权如晋、宋等还曾对峙割据了一二百年，而弘光在数月之间就土崩瓦解了，朝中大吏平时荷恩最深，食禄最多的，清人大兵一到，卖国邀宠，唯恐不及。看了这部百丑图，让人感到人类的廉耻道德陷入了绝境之中。恰恰相反，那些屡遭贬黜，备受冷落的士大夫却往往能够不惜身家性命，招募义兵，为民族坚守每一寸土地。

顺治二年（1645年）五月，清军下金陵，明总兵田雄劫福王弘光帝降，王夫之闻变，续《悲愤诗》百韵。六月，李自成退出北京后为清兵穷追，牺牲于湖北通山九宫山。大顺农民军主力近50万人，由高一功、李过和郝摇旗、刘体纯等分别率领，正屯驻两湖组成"忠贞营"，提出"联明抗清"口号，与明抗清派将领湖广总督何腾蛟、湖南巡抚堵胤锡等取得联系。当时南明政权拥有的兵力也不少，如能与农民军精诚合作、统一调度，还有希望抗击清军，挽救危局。然而，何腾蛟与堵允锡意气用事，互不买账，不能和衷共济；农民军与南明军各有所图，互不信用，互相猜忌；更严重的是兵火连年，加以大旱，赤地千里，近百万军队的粮饷筹划极为困难，于是何腾蛟创办义饷，增加租税，每亩较原额增加六倍以上，又预征一年的钱粮，弄得物价纷腾，人心动摇。王夫之忧心忡忡，再也按捺不住。此时，乡试时共引为知己的分考官章旷正担任湖北巡抚兼理粮饷总督，王夫之打算以门生礼谒见，使之从中斡旋。

1646年夏，王夫之只身赴湘阴，求见章旷。他上书章旷，分析形势，认为何、堵分别占据两湖，自然应该合作，而且可以联合大顺农民军，统筹粮饷，共同抗清，以挽救危局。然而，官场上的章旷对王夫之提出的建议有所讳忌，就对王夫之说："本无异同，不必忧虑。"王夫之只得默然而退，失望而归。此后事态发展，果然如同王夫之所预料。

在顺治二年唐王朱聿键称帝、改元隆武的同时，鲁王朱以海监国于绍兴，靖江王朱亨嘉监国于桂林。南明三方如果以民族利益为重，团结一致，共同抗清，有可能在清军南下极端残暴，广大汉族人民展开反对民族压迫的英勇斗争之际，争取人民支持，转败为胜。然而，三政权的君臣都为了争夺正统地位互不相下，日事倾轧，大大削弱了抗清力量，给清统治者以各个击破的机会。顺治三年（1646年）六月，清军乘钱塘江水涸沙壅，渡江攻破绍兴，鲁王败走舟山。八月，隆武小朝廷掌握实权的郑芝龙暗中降清，清军顺利攻入福州，唐王逃至汀州被俘，旋即被害于福州。隆武帝被执，王夫之续《悲愤诗》一百韵。十月，两广明朝官僚瞿式耜等拥戴桂王朱由榔监国于肇庆。十一月，苏观生等立隆武帝之弟于广州，改元绍武。旋即，桂王称帝，改明年元为永历。永历帝即位后，认为自己是"尊无与尚"的正统天子，而把隆武帝之弟视为叛逆，派军队去讨伐。于是双方兵刃相搏，内讧不已。至此，连同泛舟浙闽间的鲁王在内，南明计有二帝一王。南明政权的自相对峙与倾轧，令王夫之心头愁云更浓，也令他报国举步无所适从。

1646年，王夫之从湘阴归家后不久，其妻陶氏年仅二十五，却因父母兄弟均于丧乱中亡故而悲痛以卒。十年夫妻，患难与共，一朝逝去，王夫之悲痛万分。他作《陶孺人像赞》："孝而殉，国人所闻，奚俟余云。慈以鞠，不究其粥，奚以相暴。静好尔音，函之于心，有言孰谌。偕隐之思，已而已而，焉用文之"；书《墓碑铭》："蒸水深深，潇水渟渟。有美一人，琼质冰心"；诗《悼亡四首》：

十年前此晓霜天，惊破晨钟梦亦仙。
一断藕丝无续处，寒风落叶洒新阡。
读书帷底夜闻鸡，茶灶松声月影西。
闲福易销成旧憾，单衾愁绝晓禽啼。
生来傲骨不羞贫，何用钱刀卓姓人。
撒手危崖无著处，红炉解脱是前因。
记向寒门彻骨迁，收书不惜典金珠。
残帷断帐空留得，四海无家一腐儒。

　　诗句深深表达了王夫之对陶夫人孝以事姑，慈以教子，诚以相夫，信以待人的敬重怀念与痛失。

　　顺治四年（1647年），清兵全线攻占湖南。一月，永历帝至桂林。二月，清兵克湘阴，永历帝走全州。三月，清兵攻克长沙、湘潭。四月，永历帝至武冈，改武冈为奉天府，作为南明的政治中心。三月，清兵破衡州、永州。六月，清兵破常德。八月，清兵破宝庆、武冈，永历帝走靖州、柳州、象州，十二月返桂林。隆武帝之弟于十二月十五日于广州被俘自缢。

　　四月，王夫之听说永历帝到了武冈，异常兴奋，就和夏汝弼由湘乡间道奔赴。他们走到湘乡县西南九十里的车驾山，大雨连绵近一个月，风雷交加，道路泥泞，难以行走，王夫之困在山中不能前行，不得不停留下来，最终未能成行。雨困车驾山，抱着迫切的救亡图存愿望的王夫之，异常愤恨与焦闷。

　　天涯天涯，吾将何之？颈血如泉欲逆出，红潮涌上光陆离。涟水东流资水北，精卫欲填填不得。……
　　两人相将共痛哭，休留夜啸穿林木。……
　　荒郊无烟三百里，封狐瘦狗渐相扑。但得龙翔乘雨驾天飞，与君同死深山愿亦足！

 　　（《忆得：淫雨弥月，将同叔直取上湘间道赴行在所，不得，困车架山，哀歌示叔直》）

　　在国难深重，湖南局势日益危急的时候，王夫之家里也频遭不幸，一年内五度丧亲。六月，叔父王家聘卒。八月，患病在身的二哥王参之因逢战乱，未能及时治疗而死。当时王夫之尚避索湘乡。为免儿子至衡遭敌手，父亲王朝聘于悲伤之极，仍写信叮嘱他："汝若自爱，切不须归，勿以我为念。"寄出这封信的第二天，王朝聘也病倒了。王夫之获悉家中变故，非常忧急，就日夜兼程，回到了家里。大哥介之已先行返家。王朝聘见两个儿子为了探望自己，都冒险归来，很不高兴，旋即叫人抬了他，和两个儿子到南岳峰顶隐居。冬十月，王夫之恩师、叔父王廷聘及夫人吴太恭人相继去世。十一月十八日，王朝聘逝世，寿七十有八。病危时他遗命王夫之兄弟："南岳莲花峰之麓，幽迥远人间，必葬我于此。勿载遗形过城市，与腥臊相涉。""无以榇行城市，违吾雅志，且以茔兆在彼（指衡阳），累汝兄弟数见诸不净事也。"所谓"幽迥远人间，勿与腥臊相涉"，是寄望自己死后不要看、看不见清统治者的血腥与残暴；所谓"不净事"，亦是对清统治者的憎恶与仇视。这些话充分体现了王朝聘对清统治者的民族仇、亡国恨至死不逾。家庭及家学中的民族意识和反清思想对王夫之兄弟终身保持民族气节，有着深刻的影响。

奋起抗清

　　顺治五年（永历二年，1648 年），湘贵战局发生变化。正月，明降将金声桓以"劳苦功高，不惟无寸功之见录，反受有司之百凌，血气难平，不得已效命原主"，反正归明，紧接着广东提督李成栋以同样原因反戈归明。金声桓、李成栋先后在广西、广州的反正，大有利于抗清势力的发展。大顺农民军组成的"忠贞营"奋起反攻，大败清军于湘潭地区，收复了益阳、湘潭、湘乡、衡山等地；何腾蛟也发动反攻，取得全州大捷，攻入湖南，正由永州向衡州挺进。王夫之大受鼓舞，计划采取更大胆的行动。这时堵胤锡正在筹划收复湖南的事情，王夫之与童年挚友管嗣裘、夏汝弼和南岳僧性翰决定募集义师与官兵协同作战，收复家乡失地。

对于这些亡国亡家的封建士大夫来说，死亡的恐惧已经变得非常淡漠，他们似乎觉得与那个岌岌可危的旧王朝一起从历史上消逝反而是一种荣誉，是一种幸福，它可以使自己生命的意义增加光彩。许多人抱定了生是大明人、死是大明鬼的信念悲歌而死，史可法在扬州失陷后自赴敌营，就声称今特来就死，唯恐死不明白。王夫之没有留下这等豪迈的遗言，但此时此刻他们的心境是相同的。

经过几个月的奔波，他们终于招集起一支义军，永历二年（1648 年）秋在衡阳起义了。这支义军的领导是一伙缺乏行伍生活经验的书生，战士是一些未经训练的农民，缺乏给养，孤立无援，失败是从它开始组织的那天起就决定了的。起义军还没来得及进行武装暴动，向清军发动进攻，就为投靠清军的尹长民率兵袭击而完全瓦解。管嗣裘一家老小被杀害，株连致死数十人。夏汝弼突丁母丧未到军中，后及时赶来把起义者的家属和性翰藏到自己家里，同时得到乡亲们的帮助，才减少了牺牲。这确实是一幕悲剧，也是王夫之终身引为遗憾的事。

如果说在起义以前王夫之还可以在南岳丛山中苟且偷生，那么现在的他已是清人通缉的罪犯了。他从败军中逃得性命，1648 年 10 月与管嗣裘走耒阳，至兴宁，遇欧阳霖，由桂阳度岭，下浈江，至清远，是年冬直抵肇庆，希图依附永历政权而有所作为。管嗣裘被授以中书舍人，王夫之被堵胤锡举荐为翰林院庶吉士，但他以父丧辞谢，仅以布衣身份活动于肇庆、桂林等处约有三个月。永历小朝廷从一开始成立，就卖官筹饷，贪污成风，多数官僚，醉生梦死，王夫之见此，大失所望。他事后追忆："戊子（1648）冬，既至行阙，所见尤为可忧，迟回再四，已复还楚……"他辞谢所授官职，实际上父丧在相当程度上是个借口，"所见尤为可忧"才是真正的原因。

了解到永历朝的大臣留守大学士瞿式耜（字在田，号稼轩）力主抗清，锐意兴复，他甚为钦佩，就于次年即顺治六年（永历三年，1649 年）春离开肇庆，经梧州、平乐往桂林。途中，对永历朝的忧虑仍然萦绕心头，加之只身天涯，他再次感到了孤独：游子的孤独，报国无门的孤独。在桂林他受到了瞿式耜的尊重，看到了瞿式耜的为人，遂引以为南明砥柱，人生知己。

这时，抗清斗争出现了逆转。一是湖南方面，由于南明军内部分裂，何腾蛟被清军俘虏，英勇牺牲，各军队缺乏统一领导，力量分散，又互相倾轧，因而在清军乘势进攻时相继溃败，致使何腾蛟发动反攻所收复的失地，又全部陷落清军。一是江西方面，金声桓反正后，不是顺流而下袭取江南，而是回攻清军重兵把守的赣州，相持七十余天。清军乘虚攻入九江，进而包围南昌。金声桓连忙撤兵回南昌，困守孤城。一月十九日，粮尽援绝，清军破城而入，金声桓投水自杀。二月，李成栋孤军作战，也在信丰被清军打败。不久，江西全部被清军占领。

逆转的时局并未惊醒那些永历朝廷的官僚们。他们中的很多人仍然贪婪仕进，争权夺利，置抗清斗争于不问，沉浸在醉生梦死的腐朽生活中。看到这些情况，王夫之既忧又恨，顿生归念，就于当年夏天与侄儿王敉由桂林回到家乡，看望老母。他先到南岳莲花峰的"续梦庵"，清理残书，然后携带自己近数年来所写的诗稿《买薇集》，前往衡阳县西长乐乡石仙岭。这时他的母亲谭氏居住岭下很荒僻的"耐园"，由其长子王介之赡养。不料到达那里时，当地一些抢劫之徒欲杀害王夫之，虽然王夫之逃匿脱险，但家中财物却被抢劫一空，连《买薇集》稿也被抢去了。谭氏担心王夫之的安全，命他立刻离境。他只得携侄儿再赴肇庆。未几，又赴桂林，拜见了瞿式耜。瞿式耜对王夫之的为人与才学非常赞赏，就推荐王夫之和汪郊等一起参加"阁试"，以便永历朝廷正式授予官职。王夫之闻讯后，仍上疏以"终制"推辞。在桂林，王夫之结识了富有爱国思想、精研自然科学的有名学者方以智。当时方以智隐居于平乐之平西村，王夫之与之交往甚密，在学术思想上也受到他较大影响。

顺治七年（永历四年，1650 年）春，王夫之 32 岁，父丧期满，在桂林与襄阳文学郑仪珂之女结婚，是为此后十年与之生死相依、患难与共的郑孺人。浪迹数年，开始有了一个小家，而大局却急剧恶化。

永历小朝廷虽然还是汉族士大夫一点侥幸的希望，其实已不像一个政府的样子了。楚省有三四十万军队，各部都保存实力，相互观望，没有能够统一指挥和调配军队的统帅；大批官僚麇集岭南弹丸之地，没有居住的地方，家眷僮

瞿式耜像

仆不得不泊居在船上。他们还没有接受腐败亡国的教训，往日没有机会体验过封爵滋味的藩将，趁国势之危要挟天子，各地请封的公文经常呈了上来，一班文臣们总要援引故事计较半天。张献忠的部将孙可望驻军贵州，自认为奇货可居，竟然提出请封秦王。宰辅宦官如王化澄、王坤之流以拥戴之功，窃据要津，受贿纳赂，排挤贤良，有实力的镇将都想把皇帝控制在自己手中。天子行辕在数年内搬迁五六处，广州失陷，迁往桂林；王坤、马吉翔为了摆脱瞿式耜的羁绊，蛊惑皇帝又迁武冈；楚师演于长沙，迁于柳象；李成栋在广州"反正"，贿通王化澄，又迁回肇庆；湖南失守，逼于兵锋，迁往梧州……

　　永历朝廷当然也有一些嫉恶如仇直言敢谏的人，最出名的有金堡、袁彭年、

方以智像

丁时魁、金都御史刘湘客、户科给事中蒙正发，时人有"五虎"之称。而大学士王化澄，佞幸马吉翔，宦官夏国祥，与军阀陈邦傅（梧州总兵）内外勾结为"吴党"，贪赃枉法，陷害忠良。永历四年四月，"五虎"因得罪奸臣"吴党"，朝廷大兴诏狱，王夫之为了搭救五虎，力伸正义，几陷于不测之祸。

这次诏狱之祸并非偶然事件激成，它从永历二年（1648年）金堡上疏就隐伏了祸端。金堡字卫公，又字道隐，浙江仁和人，南京陷落后他跑到浙东追随鲁王，不久发现鲁王并不是可以指望复兴大明的君主，于是又走闽陛见唐王。永历二年，楚粤局势略略稳定，应诏来到桂林。永历是明朝政府的最后一个代表，他不能再缄默不言了，于是上疏痛陈国事，大意是永历政府据一隅而望中兴，非彻底振刷政治不能奏效，朝廷之大弊在于以匪人持政柄，郝永忠应擒拿正法；陈邦傅无寸功位居上公应褫夺其爵；马吉翔有扈从之劳，封侯已足，不可参政。疏上、朝廷哗然，彭、丁、刘、蒙对此大加喝彩，陈、马之流却恨入骨髓。永历三年，孙可望求王封，朱天麟、王化澄等皆欲以孙可望为靠山，总揽朝政，而金堡却力争勿许其请，所以朱、王等也成了他的死敌。永历四年东粤不保，朝廷弃肇庆奔逃梧州，陈、马、朱、王指使谏官吴贞毓等数十人一齐上疏，攻击金堡等把持朝政，谋国无方，以致此败。中国历代奸臣都善于好祸于人，而昏昧之主往往肯听信奸人，于是"五虎"同日被锦衣卫缇骑逮捕入狱，严刑拷打。在王夫之心目中，金堡等人是孤忠济难之士，而今未死于敌却死于奸人诬陷，岂不是天下奇冤！王夫之考虑到大敌当前，国势正危，如果大兴党狱，必然削弱抗清斗争的力量，给敌人以可乘之机。正在这时，瞿式耜推荐他到梧州担任"行人司行人"。他接受了这个推荐，希望自己取得上疏权利后，直言谏诤，以挽回这个局面。这一年，他三十二岁。上任后，他和好友管嗣裘（任中书舍人）同去谒见辅臣太傅严起恒，恳请这位一时人望所归的阁臣疏救金、彭五君。严起恒果然出面了，他非但没有救得金堡五人，自己也身陷党祸之中了，给事中雷德复上章劾严起恒犯了误国误君的二十四条"罪状"，严起恒无奈，只好谢罪求去。"吴党"对首先营救金堡等的严起恒恨之入骨，诬以重罪。眼看着严就要遭到迫害，满朝文武没有人敢向皇帝进言，王夫之悲愤不已，决定进行"死诤"。他和行人董云骧一同上疏，不仅对蒙受厚诬的严起恒加以肯定，请求皇帝允许其辞职，而且对"吴党"作了尖锐揭发。由于王夫之等人"死诤"，高必正又出来营救，永历帝惟恐事件扩大，于己不利，才免金堡死罪，削职谪戍，同时释放其他三人。

"吴党"计谋未逞，就对支持严起恒的王夫之恨之入骨，决定伺机构陷。正在这时，攸县有一"狂人"作"百梅恶诗"一帙，并假冒王夫之名作序，借以提高自己的身价。王化澄看到这篇序，认为文字不逊，正好制造文字狱，将王夫之害死。当时"吴党"正撺重权，王夫之受冤难申，"愤激咯血"。又亏高必正极力营救，永历帝不敢得罪这位大顺军将军，才批准王夫之请假，事实上是撤销其"行人司行人"官职。七月，王夫之和妻子郑氏及侄儿王敉离开梧州，由昭平至平乐。八月初，王夫之一行到达桂林，适逢瞿式耜六十一岁生辰，遂做诗赞道：

千古英雄此赤方，漓江南下正汤汤。

情深北阙多艰后，兴寄东皋信美乡。

进酒自吹松粒曲，裁诗恰赋芰荷裳。

萧森天放湘累客，得倚商歌待羽觞。

在诗中，王夫之深深表达了自己对瞿式耜的敬重、感激之情。

十月，得知母亲重病，王夫之偕妻与侄儿离桂返乡。十一月，清军下桂林，永历帝走浔州，王夫之一家雨困永福水砦，直至第二年正月。待他正月回到家中，方知母亲早已于去年八月初二日去世，二人悲痛欲绝。

王夫之一边为母亲终制守丧，一边忧虑愈益深重的民族灾难。他想继续追随永历政权，坚持抗清斗争，然而永历帝逃奔南宁后，清军大举南侵，南方一线烽火连连，道路梗塞，这种想法在当时已不可能实现。在愁与闷之中，王夫之度日如年，借诗遣怀。

永历帝在被清兵紧紧追攻的时候，决定联合张献忠遗留下来的大西军共同抗清。张献忠去世于顺治三年（1646年），大西军由他的四个义子孙可望、李定国、刘文秀、艾能奇分别统帅。根据张献忠要求继续抗清的遗嘱，孙可望于顺治五年（永历二年，1648年）占领云南、贵州后，要求与永历政权合作，共同抵御清军的进攻。同时要求封他为王。永历官僚在接受联合抗清这一点上分歧不是很大，但严起恒等大臣担心孙的野心，反对封王。顺治八年（永历五年，1651年）三月，孙可望愤遣兵将五千赴南宁，将严起恒等十余人刺杀。永历帝被迫封孙可望为王。从此，永历帝依靠孙的力量，偏安贵州安隆一隅。

四月，大西军由孙可望指挥，兵分两路，开始对清朝发动大规模进攻：一路是刘文秀部，由云、贵出兵四川；一路是李定国部，由川东进攻湖南。刘文秀部克复成都以南诸州县，在保宁击溃了吴三桂的部队。李定国部势如破竹，大败清军于桂林，擒杀降清叛将陈邦傅，清定南王孔有德自焚死。清敬谨亲王尼堪率援军，由长沙直扑衡州，被李定国斩于阵，清廷震恐。李定国奋起反攻不到一年，所向披靡，光复西南大片失地。九月，克衡州后，李定国专门派人招请王夫之、管嗣裘等，共议兴复。

王夫之又一次面临着是否接受农民义军招请的严峻考验。但比之十年前断然抗拒张献忠义军的招请而写《九砺》时的情绪，已大不相同。他对李定国矢志抗清，表示敬佩，曾想应召前往。但他认为大西军的首脑孙可望挟制永历帝，"拂君臣之大义"，因而不可"托足"。于是，他辞却李定国的邀请。在《章灵赋》中，王夫之写道：

> 时上（指永历帝）受可望之迎，实为所挟，既拂君臣之大义，首辅山阴严公（指严起恒），以正色立廷不行可望之王封，为可望贼杀。君见挟，相受害，此岂可托足者哉！是以屏迹居幽，遁于蒸水之原。而可望别部大帅李定国出粤楚，屡有克捷，兵威震耳。当斯时也，欲留则不得乾净之土以藏身，欲往则不忍就窃柄之魁以受命，进退萦回，谁为吾所当崇事者哉！

王夫之清醒地对当时的客观政治形势作了分析，对自己内心的思想矛盾作了剖析，并强调了孙可望其人野心膨胀，必然溃败。果然，此后数年，孙可望狂悖擅权，既企图取代永历称帝，又密谋诱杀李定国，终于依洪承畴叛而降清，加速了南明的败亡。

次年正月，又有人邀王夫之赴安隆。经过深思熟虑，王夫之依然辞谢，并作《章灵赋》及《注》见志，抒写自己"退伏幽栖，俟曙而鸣"的思想感情。《章灵赋》是王夫之人生新选择、新转折的重要标志。事实上，王夫之作为一代思想家所具有的特殊敏感，已使他决心跳出现实政争的漩涡，转到一个更深广、更复杂的文化思想学术领域，去批判、总结、扬弃，别开生面，推故致新。在此后的艰苦岁月中，王夫之全身心投入了这一神圣工作。

流亡湘南

顺治十一年（永历八年，1654年），清统治者加强了对湖南的统治，并对一些曾经响应大西军的群众和怀有"光复旧物"之志的明臣，加以缉捕杀害。八月，王夫之和妻子郑氏避居于零陵北洞的钓竹源、云台山等处。他听说侄儿王敉在衡阳被清军杀害，甚感悲痛。是年冬，王夫之一家徙居常宁西南西庄源的山寺，改换姓名，变易衣着，自称是瑶人。虽然日常生活得到当地隐士王文俨的接济，但王夫之还是不得不赖采集野菜勉强维持生计。他曾做诗描述当时的艰苦生活。

> 清晨上南坂，芜草深没腰。
> 黄云冒山起，雪花零乱飘。
> 雪子穿棕笠，雪花漫棕衣。
> 飘衣湿尚可，悬愁空筐归。
> 五杂俎，采野薇。
> 往复还，沿溪谷。
> 不获已，黄农伏。

关于他的山居，他在《山居杂体两头纤纤》中描绘道：

> 两头纤纤水溜绝，半黑半白烧岭雪。
> 腷腷膊膊冻竹折，磊磊落落飞霰屑。

纤纤茅草挡不住风雨，外面下大雨，里面下小雨，光线一片昏暗；在冬天凛冽的寒风中，房子像冻开了的竹子一样噼噼啪啪地响，外面下大雪，里面下小雪。显然，这是一所非常简陋的茅草屋。

孤独、困苦的流亡生活，给他创造了一个锤炼思想、静心写作的难得机遇。顺治十二年（永历九年，1655 年）春，在晋宁荒山破庙中，王夫之开始一面教书糊口，一面拾烂账簿作稿纸，开始撰写《周易外传》，这是他多年来在忧患中研求易理的第一部成果，也是其最早确立学术思想上根本见解的重要哲学著作。全书卷一至卷四分论《易经》六十四卦，卷五卷六论《系辞传》，卷七论《说卦传》《序卦传》《杂卦传》。各卷不列经传正文，皆就《周易》经传的重要问题或命题借题发挥，分别予以申说和阐发。在这部著作中，王夫之精辟地阐述了"器"（客观存在的各种具体事物）和"道"（事物的规律）的关系，指出："天下唯器而已矣""无其器则无其道"，以此反对程朱理学家的道在器先，器外求道的客观唯心主义观点。他希望人们致力于制作器物以备用。他强调"天下日动而君子日生，天下日生而君子日动"，认为"动"是人们理解世界各种事物运动变化的普遍规律的关键和认识具体事物的特殊规律的门径。据此，他批判了老子的虚极静笃"和周敦颐的"主静""禁动"学说。他反复说明"乾坤并建"的道理，认为"乾"的"阳"性和"坤"的"阴"性的正反两方面既互相对立，又同时并存，肯定了矛盾的普遍性和绝对性。他指出，一切事物不是截然分割，绝对对立，而是互相包容，互相渗透，互相转化的。因此，他希望人们不要担心事物的对立面"终相背而不相通"，必须看到"相反而固会其通"，即事物都是相反相成的，也就是一切矛盾的双方都具有同一性。他又指出，事物的运动变化，既有只发生量变和部分质变而仍然保持原有根本性状和规律的"通而自成"的"内成"，又有发生完全质变的"变而生彼"的"外生"。前者是"变必通"，后者是"穷必变"，它们构成了事物由低级向高级发展的过程。以上所述各点，是《周易外传》中最有价值的内容。

八月，王夫之撰完《老子衍》，这是他对《老子》思想深剖细研的首要成果。他摒弃了过去注释《老子》者的陈言，既对其中的"道"在"物"先、"有"生于"无"的唯心论和把矛盾转化看作是循环往复的形而上学观点进行了深刻的批判，又改造和吸取了其中某些关于对立面相互转化的观念，用来丰富自己的哲学思想。王夫之最早的这两部哲学专著，标志着他独具慧眼，致力于反刍《易》学系统与《老》学系统的辩证思维传统，开始奠定他自己的学术体系和学术路线的基础。

几年流亡湘南，使王夫之有机会广泛接触社会现实，了解广大劳苦人民的悲惨生活；更使他有机会对当时还滞留在落后生产方式之苗、瑶等族的社会状况，作较深入的观察。这样的切身感受与实地观察，对他的思想意识及学术观点都产生了极为深远的影响。顺治十三年（永历十年，1656 年）三月，王夫之撰《黄书》七篇，包括《原极》《古仪》《宰制》《慎选》《任官》《大正》和《离合》。此书坚持反清主张，是王夫之最著名的政论著作，与黄宗羲的《明夷待访录》齐名。《黄书》主旨，他在后序里说得很明白，就是"拒间气殊类之灾，扶长中夏以尽其材"。在书中，他着重阐述了防御外来民族入侵维护本民族的独立和安全的重要性。首篇《原极》结尾以蚂蚁尚且能够保护族类，不受别种虫类的侵犯，对明王朝为保一家富贵，只务猜忌、防制本族人民，以致不能抵御外患，表示了极大的愤怒。在《古仪》篇中他提出从秦到宋的统治者为了"长久一姓",竟对臣民猜忌防制,而宋统治者尤甚,致削弱民族自卫力量,亡于"女直""鞑靼",这实际上是批判明统治者的。王夫之还针对明朝衰亡的情况,提出了增强边防、慎选举、任贤能和关心民瘼等主张。书中思想,对晚清维新运动的"保种、保国、保教",对孙中山等资产阶级革命派的"驱除鞑虏,恢复中华",均有直接的影响。

1656 年 5 月,王夫之 38 岁,次子王敔出生。与郑儒人结婚六年终于在流亡中得子,王夫之心中十分喜悦。

顺治十四年,清朝统治者在其所占领地区基本上巩固了政权之后,就一方面"大赦天下",诏行"轻徭薄赋";一方面调集兵力,进攻永历政权所据的云南、贵州。在这种情况下,湖南地区的社会秩序得到了相对的安定。于是,王夫之决定重返南岳故居。

退隐著述

清顺治十四年(永历十一年,1657 年)四月,王夫之结束了三年的湘南流亡生活,带着妻子郑氏和未满周岁的幼子王敔,返回到衡岳莲花峰下的续梦庵故居。从起兵衡山到流亡湘南,前后经历了近十年的漂泊与坎坷,王夫之终于回到衡岳旧居。忆及过去,缅怀先世,王夫之撰写了叙述家世情况的《家世节录》。

王夫之在续梦庵居住三年,后因山居不便,于顺治十七年(永历十四年,1660 年)初夏,迁居至湘西金兰乡高节里,在茱萸塘营筑茅屋,名其居曰"败叶庐"。顺治十六年(1659 年),清军三路攻入云南,昆明失陷,李定国的部队一再失利,永历帝辗转逃窜,终于逃去缅甸。吴三桂穷追永历政府到缅甸,逼迫缅甸国王献出了永历帝。顺治十八年(1661 年)四月,吴三桂弑永历帝于昆明,几位斗争到底的民族英雄,如李定国、李来亨、白文选,都先后殉国。至此,南明永历政权历时十五年。这一消息,次年春才传到衡阳,在败叶庐惊闻南明最后一个政权从此覆灭,王夫之悲痛至极,又写了《续悲愤诗》一百韵。

同年 6 月,与他共命相依、同经忧患十年的爱妻郑氏,竟然病逝,年仅 29 岁。

王夫之悲痛不已，为她写了多首情真意挚的悼亡诗。

> 到来犹自喜，仿佛近檐除。
> 小圃忙挑菜，闲窗笑读书。
> 忽惊身尚在，莫是客凌虚。
> 楚些吾能唱，魂兮其媵予。
> 岳阡初瓷罢，君此拜姑嫜。
> 地下容能聚，人间别已长。
> 蝶飞三月雨，枫落一林霜。
> 他日还凄绝。馀魂半渺茫。

(《岳峰悼亡四首》之二)

　　康熙二年（1663年）九月，王夫之撰写了《尚书引义》初稿。《尚书引义》同《周易外传》，是王夫之借经文引申义理，发挥他的哲学、政治思想的又一部重要著作。全书分六卷，一、二卷论《夏书》，三卷论《商书》，四、五、六卷论《周书》。共计四十九篇，每篇各有独立论题。他引申了《古文尚书》中的某些论点，从哲学和政治上总结了明朝衰亡的教训。在政治上，他指责"明代自太祖废丞相不设，数传后权移于寺人"，又批判明朝实行严刑峻法而失民心。在哲学上，他从唯物主义认识论的角度明辨"能"（认识的主体）"所"（认识的对象）关系及其性质，驳斥佛教和受其影响的宋明理学家的"消所以入能""以能为所"的以主观吞并客观的谬论，提出了"因所以发能""能必副其所"（《尚书引义》）的命题，强调必须有客观对象才能引起人们的认识作用，而人们的认识也必须与客观对象相符合。他又对"知"和"行"的问题进行了论证，反对朱熹的"知先行后"和王守仁等的"以知为行"的学说，认定"知必以行为功""行可兼知，而知不可兼行"（《尚书引义》）。这样突出"行"对"知"的决定作用，是符合反映论原则的。王夫之在书中提出的"性"乃"生理""日生则日成"的观点，对于否定唯心主义先验论，是非常有力的。

　　自归隐衡阳后，陆续有故旧子弟来问学。康熙三年（1664年），王夫之在"败叶庐"设馆讲学。王夫之教授的学生，有很多是为明朝死难者的遗孤或王氏世谊之后，章有漠（字载谋）是章旷的儿子，蒙之鸿是"五虎"之一蒙正发的儿子，管永叙是平生好友管嗣裘的儿子，罗瑄是邵阳罗从义的儿子，王夫之奉母居邵阳中乡，住在罗从义家；李朴大为李继体的儿子，继体是武夷先生同榜旧友，隆武间王夫之父兄同居其家；唐端典、唐端笏是武夷学生、王介之好友唐克峻二子，唐克恕则是克峻从弟；王祥隆是王夫之居常宁间寓主王文俨的儿子，这些人大多一生不仕，以诸生老死田园。

　　同年，王夫之将上年已动笔的记述永历朝史事的《永历实录》二十六卷撰毕。他秉笔直书，对坚持抗清的爱国者，都加以褒扬，即使对曾经反抗过明朝而后来联明抗清的农民军将领高必正、李定国、李来亨等，也在不同程度上予以肯定（对李定国则几乎无微词），而对那些贪鄙庸劣和降清求荣的官僚，则严厉贬抑。这部著作，论述湖南、两广用兵和党争较翔实，而对永历帝逃往云南、贵州和缅甸的复杂情况，则记载简略，且有失实之处。

　　次年，王夫之重订《读四书大全说》。他对胡广等主编的《四书大全》中辑录的宋元以来理学家解释《四书》所表现的一些唯心主义观点，进行驳斥，例如他肯定"理即气之理""气外更无虚托孤立之理"（《读四书大全说》），就是驳斥朱熹的"理生气"和将"理"夸大为脱离"气"而独立存在的宇宙之根本的学说；他否定"不待学而能"的"生知"，也是针对朱熹"以尧、舜、孔子为生知"（《读四书大全说》）而言的。在知行问题上，他不仅再次强调"无先知完了方才去行之理"（《读四书大全说》），用以反对朱熹的"知先行后"说，而且认为知中"亦有行"，行中"亦有知"（《读四书大全说》），阐明了"知""行"的辩证关系。此外，王夫之在"理""欲"问题上不赞成朱熹讲的存天理，灭人欲，认为"人欲之各得，即天理之大同；天理之大同，无人欲之或异"（《读四书大全说》）；在"理""势"问题上，他强调"理势不可以两截沟分"，认为"理当然而然，则成乎势矣"；"势既然而不得不然，则即此为理矣"（《读四书大全说》）。这是他历史哲学中非常深刻的见解。《读四书大全说》是王夫之最能自由畅发其义理之作。

　　康熙七年（1668年）七月，王夫之撰《春秋家说》三卷、《春秋世论》五卷。次年，成《续春秋左氏传博议》二卷、《姜斋五十自定稿》一卷。据《春秋家说》

自序，此书主要叙述父亲王朝聘对《春秋》的见解，故命名为《家说》。《春秋世论》则为借论述春秋时代的"合离""盛衰"的变化，为后世提供"守经事"而"知宜""遭变事"而"知权"的经验。《续春秋左氏传博议》为王夫之续南宋著名理学家吕祖谦《春秋左氏传博议》而作。该书取《春秋》五十事，疏其义理。书中提出的"有即事以穷理，无立理以限事"的命题和强调"相天"（根据自然规律而能动地改变自然），反对"任天而无能为"以及要求"竭天"（竭尽自然界赋予人们的认识和改造客观世界的能力）的思想，都是非常精彩的。《姜斋五十自定稿》辑王夫之三十岁以来所作古近体诗而成。

自郑夫人去世后，王夫之要照顾幼儿，料理繁杂的家务，给他潜心著述和讲学，带来了很大的麻烦，于是他第三次结婚，娶张夫人。康熙八年（1669年）冬天，王夫之沿茱萸塘小曲再筑草庵，开南窗，题名"观生居"，有《观生居昭》《南窗铭》志之。观生居坐北朝南，颇感安适。康熙八年至十四年（1669－1675年），王夫之冬春住观生居，夏秋宅败叶庐，岁以为常。

王夫之以大明遗老自命，从不与当时仕宦之家联姻。他继配的张氏生了一个女儿，嫁与郡文学李报琼的儿子李向明为妻，陶氏所生长子王放有二女，长孙女配与前明兵部尚书刘尧诲的孙子刘法忠，次孙女配与郡文学熊荣祀的儿子熊时干。王夫之本人拒不剃发，不使用清朝年号，曾差点为自己招来横祸，幸亏好友刘象贤为之排难，才得以避免。

康熙十年（1671年），王夫之五十三岁，成《诗广传》初稿五卷。这是王夫之读《诗经》时写下来的一些杂感性文字。从个人的哲学、历史、政治、伦理和文学的观点出发，对《诗经》各篇加以义理引申，所以命名为《诗广传》。全书共分五卷，卷一卷二论二《南》和十三《国风》，卷三论《小雅》，卷四论《大雅》，卷五论《周颂》《鲁颂》和《商颂》。其体例亦略同于《周易外传》《尚书引义》。其内容则主要是以义理释《诗》义，借《诗》以观风，宏论情与性，情为性之端，情的不自禁性、舒畅性，以及治情之道。十二年以后，王夫之六十五岁之时，重订《诗广传》。

王夫之在岭南结识之好友方以智，自南明亡后，遁入空门，出家后更名弘智，字无可，别号药地，隐居江西青原山。方以智次劝王夫之前往"逃禅"，并与王夫之书信往来诗词唱和不绝，但王夫之以"人各有心"之语辞却，并作诗述怀而答之，表示自己"终不能从"之意。康熙十一年（1672 年）夏，方以智赴吉安谒文天祥墓，道卒（一说方被清统治者捕送广东，途中病故）。三月，王夫之听说他所尊敬的前辈郭都贤因文字狱遇害于江陵，即做诗悼之。同年八月，得知方以智暴死噩耗，王夫之"不禁狂哭"，又做诗深表哀悼。

长夜悠悠二十年，流萤死焰烛高天。

春浮梦里迷归鹤，败叶云中哭杜鹃。

一线不留夕照影，孤虹应绕点苍烟。

何人抱器归张楚，馀有南华内七篇。

（《闻极丸翁凶问，不禁狂哭，痛定辄吟二章》选一）

康熙十二年（1673 年），王夫之五十五岁，成《礼记章句》初稿，并于四年后详为整理，成四十九卷定稿。此书为分章逐句训诂疏释之作。按依经立传之体，王夫之所作不多，只有《四书训义》《礼记章句》《庄子解》《张子正蒙注》《楚辞通释》《周易内传》数种。

这年，清廷下令撤三藩，十一月二十一日平西王吴三桂叛清，揭开了"三藩之乱"的序幕。次年正月，吴三桂遣军先后攻入沅州、常德、岳州、衡阳。不久，四川巡抚罗森、广西将军孙延龄、襄阳总兵杨东嘉、陕西提督王辅臣等先后举起反清旗号。接着耿精忠也以福建反，攻掠江苏、浙江诸州县，郑经也率军由台湾入闽浙。原夔东十三家谭洪、彭时亨等复起兵，攻克阳台关。一时四方鼎沸，清廷为之大震。吴三桂初起兵时，自称"兴明讨虏大将军"，以"反清复明"相号召，后又诡称"朱三太子"在其军中。这对许多反清志士及一般民众都具有极大的吸引力和某种欺蒙作用，王夫之也不例外。从这时到次年九月，王夫之多次出游，往来于湘乡、湘潭、长沙、湘阴、岳阳和萍乡等地。他的思想存在矛盾：一方面他和蒙正发（时居衡阳斗岭）一样，不屑接受吴三桂的延请，"坚避不出"；另一方面，他听到吴三桂宣称要奉崇祯帝太子"登大宝"的消息，又为之"喜欲狂"，不仅自己考虑置身"铁马"之中，而且希望那些他所认识或和他有某种联系的已参加吴三桂阵营的官员勇于北上攻战，从而"涤六宇之霾云"。

然而，王夫之的反清思想与吴三桂等的叛清，又有着本质的区别。前者反映了汉族人民在抗清斗争遭受挫折后力图重整旗鼓的愿望，目的在于复兴民族、国家，因而在道义上是无可厚非的。后者则是出卖民族、国家的大军阀与清统治者的争权夺利。王夫之对"讨虏"时局的密切关注，与其说是关注吴、耿，不如说是关注反清，关注复明。因此，当他后来观察到吴三桂"画江以守"，不敢出岳州一步，而其他叛军多抱观望态度，遇败则倒戈时，他即预料到反满联军败局已定，遂于九月返归阔别两年的观生居，并去岳船山下距观生居二里许之里人旧址构筑茅屋，取名"湘西草堂"，重新开始专心学术。从康熙十四年至三十一年（1675—1692 年），王夫之居湘西草堂十七载，直至逝世。这是王夫之学术著述的第二个黄金时期。

湘西草堂

康熙十五年（1676 年）春，王夫之五十八岁，王夫之开始撰《周易大象解》，本书是其义理派易学的第二部重要著作，距前作《周易外传》已有二十一年。在这么长的岁月之中，他于《周易》的研究已经十分成熟，所以本书虽薄薄一卷，但其内容包罗甚广。他将《易经》中的《大象传》独立出来，加以进一步阐释和说明。本书专解六十四卦之大象，专论阴阳相继，静存动察，修己治人，拨乱反正之道。《大象解》一书言简意赅，提纲撮要，对于理解王夫之的易学思想，很有帮助。

康熙十七年（1678 年）三月，正当他埋头于《庄子》研究时，吴三桂称帝于衡州，准备祀天即位，并示意部下物色名手撰写《劝进表》。有人推荐王夫之执笔，吴三桂立即派人去请他。王夫之拒绝说："我安能作此天不盖、地不载语耶？"接着又说："某先朝遗臣，誓不出仕，今何用不祥之人，发不祥之语耶？"那个人惊愕地退出。王夫之料到此事必触怒吴三桂，就同章有谟逃到深山隐藏，以免遭受迫害，并作《袚褉赋》以明志："意不属兮情不生，予踌躇兮倚空山而萧清。阒山中兮无人，謇谁将兮望春？"意思是与吴三桂道不同不相为谋，因而宁愿避居萧条、寂静的深山，艰难地等待春天的到来，同时抒发了对吴三桂称帝的鄙视和自己有所追求的思想感情。

同年 8 月，七岁爱女夭折，王夫之哀写"梅琢"，短歌当哭。吴三桂称帝后一月死，其余党败走云南。"三藩"自康熙十二年十一月举兵，至此已近五年。"三藩之乱"平息后，巡抚郑端派衡州知府拜会王夫之，并馈赠了许多米和布匹，对他拒写《劝进表》以示嘉奖。但他称病力辞，受其粟，返其帛，坚决不和知州见面。

康熙十八年（1679 年），王夫之六十一岁，在避清兵于穷山之中仍不懈著述，成《庄子通》一卷。这是王夫之研究《庄子》的第一部著作。该书立论主要在总结五年来政治风浪中面对复杂形势的矛盾心情和吸取教训应坚持的立身处世原则；同时，评论《庄子》各篇，对《庄子》哲学中的合理思想及理想人格的追求等有所肯定。他对庄子的唯心主义、相对主义固然不满，但认为"因而通之，可以与心理不背"（《庄子通序》）。同年，王夫之返回湘西草堂。

王夫之返回草堂后，经常遭到清政府暗探的日夜监视。他在《斋中守犬铭》中写道："危机之触，接于几席"，以至"中夜不能寐"。他叮咛嘱咐守犬，"有潜窥暗伺于我室者，尚赖其搏噬驱除之而勿迟"。（《船山全书》）暗探畏惧猛犬而不敢入室，于是用刀刃将窗棂纸挑破窥视。王夫之愤而作《勘破窗纸者爰书》，对清政府的这种卑劣行径予以嘲弄和痛斥：

何物潜窥，似托微踪于草际；竟同巨测，欲施锋刃于窗间。漫尔作无端之孽，诓异贼心；暗中怀有隙之私，非关儿戏。……条条分明，载其狠心怒目；咄咄怪事，恍若戴角披毛。

在受到监视的情况下，王夫之毫不畏惧，仍然撰写着《四书训义》（后编为三十八卷）。这是授徒的讲义，保留了程朱学派特别是朱熹的很多观点（在很大的程度上是按照朱熹的《四书章句》进行阐述的），但也间有新意，如在人性论上不赞成朱熹的"性即理"的观点，强调性受之于"天"，即接受自然界的给予而成；在教育思想上强调"必以学为成人之道"，并提倡"学"与"思"相结合；在经济思想上承认商贾具有"通天下之货贿"的社会职能，强调"禁暴而安商"等等，都是可取的。

清政府一方面依靠暗探、特务来强化统治，一方面又玩起了开"博学鸿词科"的优惠政策。康熙十八年三月，清政府初试博学鸿词科。6月，王夫之《庄子通》定稿，作自序，认为"谓予以庄子之术，祈免于羿之彀中，予亦勿容自解。"这正是对所谓"博学鸿词科"的嘲讽。同年七八月间，王夫之听到了他的志同道合的好友蒙正发去世的消息，非常悲痛，做诗悼念，又为之作墓志铭，寄托哀思。在后来的岁月中，王夫之又教蒙正发之子蒙之鸿读书，辛勤培育，其情至为感人。

康熙十九年（1680年）湖南大旱，随之而来的是次年春天的大饥荒。王夫之以诗句记录了他所目睹的悲惨情景。当时，官府和富绅不肯开仓赈济，饥民们冒着冰雹在山中刨掘蕨根为食。然而，穷凶极恶的官府及其乡里爪牙仍在逼征赋税："里长如虎下白屋；油盖倚门高坐笑，……苍天苍天不相照，孤雏何当脱群鸱？"当王夫之写下这些血泪文字的时候，他的思想感情与苦难深重的民众完全融合在了一起。

康熙二十年（1681年）7月，清军攻占澎湖，进攻台湾；10月，清军彻底荡平了大西南的反清势力。自满清入主，延续40年的反抗斗争在重重叠叠的血淤中徐徐落幕。是年冬，处于悲愤心境中的王夫之，患了哮喘病。

这一年王夫之63岁。追念平生知交熊渭公、章旷、瞿式耜、文之勇、夏汝弼、管嗣裘、方以智、蒙正发、南岳僧性翰、雪竹山道士智霈等，作《广哀诗》19首，编《六十自定稿》。

虽然身患哮喘病，王夫之仍致力于学术研究。秋，应僧先开之请，撰《相宗络索》，对佛教法相宗的思想及其范畴体系作了简明的介绍。同时，他又给弟子讲解《庄子》，撰《庄子解》三十三卷。这是王夫之研究《庄子》的第二部著作，也是他关于《庄子》的最详尽的著作。王夫之解说《庄子》，注意的是《庄子》的思想内容及其思想方法。每篇之首，冠以篇解，综括全篇大意；每段之后，加以解说，企图把庄子的思维过程描绘出来。同《老子衍》，王夫之评解《庄子》也志在去除前人以儒佛两家之说对《庄子》的附会，清理出一幅庄子的本来面目。在《庄子解》中，王夫之依然批判了庄子的唯心主义、相对主义，但对庄子颇表同情，认为其持论"皆通于一，而两行无碍""其高过于老氏，而不启天下险测之机"，甚至说其"救道于裂"，表示有所肯定。

康熙二十一年（1682年）九月，王夫之撰《说文广义》两卷。他对许慎《说文》所收之字，从宗六书而不泥古的角度进行了较全面的探索。他不仅重视从字形推求本义，据本义推求引申义，而且根据本字本义推求"孳乳"之字。他还注意从不同的方音分析字义的多样性，但在读音上却不赞成字义同而发为数音。他纠正了《说文》中的某些舛错，弥补了其中某些阙漏，但亦有不够精审之处。

同年十月，王夫之撰《噩梦》。这是一本重要的政论著作，针对明末以来"时之极弊"的社会现实问题，也包括针对满清统治者的倒行逆施（如恢复超经济强制的匠籍制度等），提出具体的改革主张。如指责"夫家之征，并入田亩"，使农民"以有田为祸"，希望减轻对农民的征敛；主张"军卫聚屯于边"，以"固中区"；反对"问刑官故出入人罪"，认为对"故入决遣"者尤应严惩；反对"鬻官"和"鬻士"；主张废除"班匠制"，代以"招募和雇"等等。近人每以《噩梦》与《黄书》并举。关于此著为何叫《噩梦》，王夫之解释说："呜呼！吾老矣，唯此心在天壤间，谁为授此者？故曰《噩梦》。"

康熙二十二年（1683年）正月，王夫之作《经义》一卷。此书收集王夫之晚年所作科举文字三十九篇，前三十篇题出《学》《论》《庸》《孟》，后九篇题出《易》《书》《诗》《春秋》《礼记》，统为九经，因此题名《经义》。王夫之一生与会试无缘，深恶铨法大坏，但因系儒家经典，至晚年也未完全否定科举之业。其后不久，王夫之将自己所作的《诗广传》重新订定（编为五卷）。他从儒家的"诗教"出发，对《诗经》中所表现的"情"，提高到"治道"上进行分析，认为"古之善用其民者，定其志而无浮情"，主张"导天下以广心，而不奔注于一情之发"。因此，他推重"夷犹婉娩"的作品，而对于"迫矫而无馀思"和带有揭露性、怨恨性的诗篇，都非常不满。但这部著作也有不少进步的精辟的内容，如同情在暴君贪官压榨下的人民，主张适当地满足人们的物质生活欲望；强调"善取民者，视民之丰，勿视国之急"；认为"事起而时异，时异而道不可执"和希望"善用人者无弃人，善用物者无弃物"以及肯定社会历史进化等等，都是值得注意的。

　　康熙二十三年（1684年）春，王夫之患病，至秋末始渐愈。是年王夫之66岁。他在病中撰《俟解》，勉励人们不为"习气"所移，而注重道德修养，同时批判了王守仁和其后学所宣扬的"无善无恶"观点。该书是王夫之针对时弊所写的政治评论与道德修养的笔记。

　　康熙二十四年（1685年）春，王夫之于大病初愈后写成《张子正蒙注》九卷。他继承和发展了张载的朴素唯物主义和辩证法思想，认为气是宇宙的根本，它有"聚散"而无"生灭"；看出了事物的统一中有对立；并且承认矛盾的斗争性，宣扬了矛盾融合论。他认为"形也，神也，物也，三相遇而知觉乃发"（《张子正蒙注》），即必须由感觉器官与客观对象相接触而引起思维活动，才能认识事物。他看出了"见闻之知"不能使人们认识事物的本质，但将其否定而夸大"德性之知"，却表现了唯心论唯理论的倾向。他认为作为"生之理"的人性本来"无恶而一于善"，但"才有不善"（他将以前荀悦、韩愈等所说的"性"改称为"才"）而又"染于习"，就使性受蔽而行为趋于"恶"了。这种论证，比以前的人性论前进了一步。该书是王夫之精心撰写的最重要的哲学著作，它鲜明地表达了复归张载正学和反对佛、道及宋明道学唯心主义的哲学立场。通过注解《正蒙》，王夫之继承和发展了张载的哲学思想，从本体论、认识论、历史观等方面对佛、道以及宋明理学作了进一步的梳理和批判。王夫之研究张载的专著还有《思问录》，成书比《正蒙注》早，分内、外篇各一卷。内篇以论哲学问题为主，外篇涉及天文、历数、乐律、医学等自然科学问题。这是王夫之经过长期琢磨、晚年定稿的哲学著作。

　　八月，王夫之撰《楚辞通释》十四卷。他根据王逸的《楚辞章句》进行改编，

"删汉人无病呻吟之剿说"，即将东方朔、严忌、王褒、刘向、王逸用骚体所写之赋删去，增入江淹的《山中楚辞》和《爱远山》，殿以自己所作之《九昭》。作此书时，明亡已久，永历帝被执而死也已有十五年，但王夫之在书中对永历时政，对过去的悲痛历史，仍然有触即发，慨而言之。他联系所处的明清易代之际和自己的亲身遭遇，深刻地阐述了屈原热爱祖国而上不见信于君、下为群小排挤致被放逐的愤慨思想，抒发了自己类似屈原的"宗社人民瓦解之哀"。

九月，王夫之病中勉为门人作《周易内传》十二卷，这是王夫之义理派易学的第三部重要著作，也是他最为精心、最谨严的一部易学著作。该书对《周易》一书作了系统解释，总结了他对《周易》长期研究的成果，批判历代解释《周易》的各个唯心主义流派，特别是揭露了邵雍、朱熹等"先儒之说"的谬误，补充和发挥了他在《周易外传》中开始形成的朴素唯物辩证法思想体系，成为他的纲领性的哲学论著之一。他在《周易内传发例》中一再声明：《易》道之难，"未敢轻言"；"畏圣人之言，不敢以小道俗学异端相乱，则亦患其研之未精，执之未固，辨之未严"，把替他审定的工作期诸后人。此书的中心思想和基本论点大致与《外传》相同，在内容上，《内传》和《外传》相互衔接，彼此映照。从文字上来看，《内传》是王夫之为门人讲授《易经》而作，有似现在的讲义，文字当然通畅得多，阐发也详细入微得多。因此，它既不像《外传》那样令人感觉晦涩，也不像《老子衍》那样莫测高深。尤为便利的是，王夫之对他的这部大著，惟恐读者难于理解，另外作《发例》一卷，鸟瞰式地全面介绍了一番。

康熙二十五年（1686年），王夫之六十八岁，又大病垂危，幸免于死。然而，王夫之仍奋力笔耕。五月，跋《耐园家训》。六月，书《传家十四戒》给长孙王生若（王敔之子），其中有"勿为僧道""勿作吏胥""勿习拳勇咒术""勿作师巫及鼓吹人"等戒；并嘱其后裔"能士者士，次则医，次则农工商贾，各惟其力与其时"（《船山公年谱》）。七月，追忆二十九岁以前十余年诗作，成《忆得》一卷。八月，重订《周易内传》《周易内传发例》。秋，撰《石崖先生传略》。在王夫之的亲属中，幸存者唯有长兄王介之，介之居于武水之滨石师岭东耐园草屋，王夫之常去看他。同年冬，介之以81岁的高龄卒于耐园。王夫之扶病至长乐乡耐园治丧事，回来后写了《孤鸿赋》，抒发对介之的悼念和自伤孤零的感情。次年，王夫之六十九岁，始撰《读通鉴论》。这一年，他的咳喘病愈益严重。九月，抱病送长兄介之灵柩入土，归后再也没有离开过草堂。

《读通鉴论》三十卷，是一部系统的史论著作。在这部著作中，王夫之就司马光《资治通鉴》所列的历史事件及历史人物，进行分析评论，鉴古知今，评史论政，集中体现了他的"不言正统""不论大美大恶""不敢妄加褒贬""因时宜而论得失""善取资者变通以成乎可久"的治史原则，提出了社会进化论和道德进化论的观点，阐述了理势相成的历史哲学思想和趋时更新的政治思想。王夫之肯定历史是不断进化的，反对"泥古过高而菲薄方今"；既然历史不断进化，因而他强调"事随势迁，而法必变"；他不满意于君主独断专横，强调要"严以治吏，宽以养民"，对人民"宽其役，薄其赋"；他希望汉族与少数民族"各安其所"，做到"我不尔侵""尔不我虐"，同时强调维护本民族利益，使之不受损害，认为如此才符合"古今之通义"。这些思想和主张，在当时都具进步意义和积极作用。

康熙二十七年（1688年）五月，王夫之追忆平生交游和诗赋往还情况，写成《南窗漫记》一卷。十二月，编《姜斋七十自定稿》一卷（诗集）。康熙二十八年（1689年）四月，王夫之修订《尚书引义》六卷。秋，写成对当时服饰礼制进行考据的《识小录》一卷。九月，长沙刘思肯专程来写画像，王夫之词《鹧鸪天》自题画像：

把镜相看认不来，问人云此是姜斋。龟于朽后随人卜，梦未圆时莫浪猜。

谁笔仗，此形骸，闲愁输汝两眉开。铅华未落君还在，我自从天乞活埋。

这一年夏秋，衡州等地又发生旱灾，王夫之一家人的生活很困难，他不禁有"俭岁无多芋栗收"之慨。偏沅巡抚郑端了解到这种情况，又钦佩王夫之的学问和操守，便命衡州府知府"馈米币""嘱以渔艇野服，相晤于岳麓，并索所著述刊行之"，但王夫之"病不能往，且不欲违其素心，受米返币"，致函自称"南岳遗民"以谢之。这说明王夫之年迈仍不愿与清朝合作，坚持民族气节。

康熙二十九年（1690年）正月，王夫之将以前（居败叶庐时）编选的各代诗文，加上评语，并在此基础上，撰《夕堂永日绪论》内外篇。内篇论诗，兼及古文；外篇则侧重于论制艺。在这部著作和另外的《诗绎》（大约作于居败叶庐时）中，王夫之提出了自己的诗歌见解。他主张诗歌将"兴观群怨"冶为一炉，坚持"以意为主"，并重视"婉转屈伸"地"取势"。他强调诗歌创作不能脱离"身之所历，目之所见"，即应以作者的生活实践为基础。他认为优秀的诗歌主要由于做到情景融合："情景名为二，而实不可离。"同年，王夫之重订《张子正蒙注》九卷。

次年四月，王夫之在咳喘中将《宋论》十五卷写完。他在这部著作中，较《读通鉴论》更为集中地寄寓了借论史来总结明朝亡国教训的深意，如指出宋朝君主不但对武将猜忌，"有功者必抑，有权者必夺"，甚至加以"虐杀"，而且对中枢文臣也"忌其特权"而任意黜退，使其不能"尽所长以图治安"；指责宋朝君主"倚任奸人""大坏军政"；认为宋朝不加强防御，对入侵的契丹（辽）、金、蒙古贵族妥协求和，而对国内人民则多方聚敛，并实行严刑峻法，必然难免于败亡；批评当时朝臣结"朋党""宰执与台谏分为敌垒，以交战于廷"等等。这与明朝后期（特别是崇祯朝）的腐朽和黑暗的情况十分类似，所以王夫之在分析时鞭辟入里，发人深省！九月，王夫之作《船山记》，表达自己在明亡后不愿他往、乐意退隐于这非常荒僻的石船山下而终老的思想。

不久，王夫之的病情日益严重，自知不起，便预先写好墓石题名，以"明遗臣行人"自称：

有明遗臣行人王夫之字而农葬于此，其左侧其继配襄阳郑氏之所祔也。
自为铭曰：
抱刘越石之孤愤而命无从致，希张衡渠之正学而力不能企。幸全归于兹丘，固衔恤以永世。
戊申纪元后三百十有年月日
男勒石

并详为叮嘱："墓石可不作，徇汝兄弟为之。止此不可增损一字。行状原为请

《宋论》

志铭而设，既有铭，不可赘作。若汝兄弟能老而好学，可不以誉我者毁我，数十年后，略纪以示后人可耳，勿庸问世也。背此者自昧其心。"王夫之一生不用清朝纪元。所谓"戊申纪元"，为明太祖洪武元年，公元 1368 年。

冬季来临，王夫之写下了人生的最后一首诗，王敔称为"绝笔诗"：

荒郊三径绝，亡国一孤臣。

霜雪留双鬓，飘零忆五湖。

差足酬清夜，人间一字无。

其内心深处的亡国孤苦，爱国情深，再一次，也是最后一次痛楚地诉诸笔下，萦绕于字里行间。

康熙三十一年正月初二日（1692 年 2 月 18 日），王夫之逝世，享年七十四，葬于衡阳金兰乡高节里大罗山麓。

从三十六岁决意林泉，潜心学术，到七十四岁与世长辞，王夫之在极其艰苦的条件下刻苦研究、勤恳著述近四十年。虽饥寒交迫、生死当前，他也从不改变自己的志向。王夫之一生学识渊博：经学、史学、子学、哲学、文学、政治、经济、法律、伦理等学问造诣无不精深；天文、历数、兵法、医学乃至卜筮、星相等也旁涉兼通；且留心当时传入的"西学"。他一生著作传世的共达 95 种，380 余卷；还有佚著计 26 种，尚待访求。他在学术史上的卓越贡献享誉青史、远播海外。

第二章　王夫之哲学思想

作为清初三大师之一，王夫之的功绩主要体现在哲学领域。他在哲学上的造诣极为精深博大，哲学论断极富有批判精神。他不但能批判地继承前人学说中合理的部分，并且善于也勇于创新。他对中国两千年来各种唯心主义的思潮如老庄哲学、魏晋玄学、佛教哲学等，进行了总结式的清算，以深入批判和揭露宋明理学的唯心主义理论为基础，建立起他自己的朴素唯物主义哲学体系。王夫之的这一体系堪称前无古人，达到了当时历史条件下可能达到的最高峰，在世界唯物主义哲学流派中也居于领先地位。

有无、虚实

王夫之的宇宙观以实有论为本质特征。他继承王充、张载以来的气一元论，发明"实有"范畴，以"实有"为宇宙万物的一般本质，对整个物质世界的客观实在性作了更高的哲学抽象，成为中国古典哲学天道自然传统的杰出代表。

太虚是中国古典哲学的重要范畴，指广大无边的宇宙空间和宇宙万物的始基。前一涵义最早见于《庄子·知北游》："若是者外观乎宇宙，内不知乎大初，是以不过乎昆仑，不游乎太虚。"后一涵义最早见于《管子·心术上》："天曰虚。""虚者万物之始也。"虽没有明确提到太虚，但把天说成虚空，以虚为万物的根源，对后世很有影响。《黄帝内经·素问》说："太虚寥廓，肇基化元，万物资始，五运终天。"明确肯定太虚是宇宙万物的始基。张湛《列子·汤问注》说："夫含万物者天地也，容天地者太虚也。"认为天地在太虚之中。五代谭峭、北宋司马光认为虚与气有区别，虚在气先，比气更根本。司马光在《潜虚》中说："万物皆祖于虚，生于气。……故虚者物之府，气者生之户也。"

张载给予太虚以全新的解释，提出"太虚即气""虚空即气"的重要命题。张载"太虚即气则无无"的命题反对把太虚与气割裂为二，否定以气外虚无为世界本原，证明了世界统一于物质性的气，空间是物质气的存在形式。同时，张载"太虚即气"的命题也直接针对和批驳了当时颇为流行的两种观点：一是"虚能生气"，陷入道家"有生于无"的错误；一是"虚中见物"，陷入佛教"万象皆空""以山河大地为见病"的错误。张载的太虚理论为程朱陆王所反对。程颢批评张载只是说形而下者；程颐认为没有太虚，只有理；朱熹进一步提出太虚就是理；王守仁则提出心即是太虚。

王夫之首先继承并发挥了张载关于"知虚空即气则无无"的观点，确立了"太虚即气""太虚一实"的气本论原则。他认为，人所见的虚空，实际上是物质性的"气"的一种存在形式，只不过其"希微不形"、非人之目力所及而已，物质性的"气"具有普遍无限性，它"弥纶无涯"，范围天地万象，宇宙间除了物质性的"气"及其凝聚物以外，"更无他物，亦无间隙"。如果不考虑到王夫之对"气"的范畴的新规定的话，以上这些说法，都还没有超出张载"气本论"思想的范畴。

然而，王夫之并没有停留在中国古代哲学对"气"的理解上。在王夫之关于"气"的论述中，酝酿着、并且终于实现了对"气"的本体论论证的突破，这就是王夫之所做出的"气—诚—实有"的新规定。

王夫之看到了任何物理概念上的具体实物都不能概括世界的本质属性，因而力图从更为纯粹的哲学意义上对物质形态作更高的概括。因此，他提出了"实有"这一范畴，改造"诚者物之终始"的传统论题，对"气"的范畴作新的哲学规定。他认为"絪缊不可象"的"气"的最本质的属性，就是其客观实在性。他说：

> 太虚，一实者也。故曰"诚者天之道也"。
>
> 诚也者实也；实有之，固有之也；无有弗然，而非他有耀也。
>
> 夫诚者实有者也。前有所始、后有所终也。实有者，天下之公有也，有目所共见，有耳所共闻也。

对于一切客观存在的具体事物，只说它是"实有""固有"，是可以由人"有目所共见，有耳所共闻"的"天下之公有"，是存在于我们的意识之外、又可以为我们的意识所反映的客观实在，这就揭示了物质世界的最根本的属性。所以"气＝实有"或"诚＝实有"乃是最高的抽象。诚如王夫之所意识到的：

> ……诚者，无对之词也。必求其反，则《中庸》之所云"不诚无物"者止矣，而终不可以欺与伪与之相对也。
> 诚不诚之分者，一实有之，一实无之；……
> 说到一个"诚"字，是极顶字，更无一字可以代释，更无一语可以反形，……

"诚"之所以是无对之词，是极顶字，就在于它经过王夫之的改造，不再是道德意义上的"可以欺与伪与之相对"意义上的"诚"，而是一个标志着客观实在的哲学范畴。

于是，所谓"气"，就不再是庄子和张载之所谓"生物以息相吹"，也不是王廷相之所谓"口可以吸而入，手可以摇而得"的具体物质，而成为虽然"视不可见，听不可闻"，但确是"物之体"的客观实在，即"实有""固有"，这就使对于物质的抽象超出了物理性的具体实物概念的局限，而将其上升到了表述物质一般的客观实在性的高度，从而实现了中国哲学认识史上的一次飞跃，把哲学认识的水平提到了一个新的高度。

理气之辨

理与气是宋明理学的一对重要范畴。理气关系问题是宋明理学的哲学基本问题，也是当时理论思维领域论争最激烈的问题之一。以实有论为基础，继承以往哲学特别是气一元论哲学的优秀成果，王夫之对宋明理学的理气关系论进行了全面的检讨。

　　一般来说，在中国哲学史上，"理"指事物的规律、条理、准则、规范，或存在于事物之外的抽象观念、精神实体。"气"指以气体状态存在的极细微的物质，是标示一种能运动、占有空间的客观存在，是构成一切有形物的本原和原始材料。

　　理气关系问题虽然到宋代才被突出地提出来，但"理"和"气"这两个范畴早在先秦时期就已出现。作为哲学概念，"理"最早出现于战国时期。《管子·四时》篇以阴阳为"天地之大理"。《心术上》说："理也者，明分以谕义之意也。"《孟子·告子上》说："谓理也，义也。"认为理是人心皆具的道德观念。《庄子》中有"天理""万物之理"等概念，"天理"指自然之理，"万物之理"指事物变化之理。《庄子·缮性》篇提出"道，理也"的命题，把理和道直接联系起来。《荀子》的"理"有自然与社会两方面的内容，强调用天地之理治理天地万物，具有认识自然规律、改造自然界的意义。《韩非子》则明确提出："万物各异理。"认为理是事物的具体规律，不同的事物具有不同的规律。《吕氏春秋》进一步提出："理也者，是非之宗也。"把理视为判断是非的标准。

　　"气"最早见于《国语》所载西周末年伯阳父的言论。《国语·周语》载：幽王二年，西周三川皆震。伯阳父说："夫天地之气，不失其序……"在这里，气的基本内容是阴阳。到战国时代，孟子、管子、庄子、荀子都讲气。《孟子·公孙丑》说："夫志，气之帅也；气，体之充也。"又说："志壹则动气，气壹则动志也。今夫蹶者趋者，是气也，而反动其心。"认为人的身体充满了气，气随志动，也能影响志。《枢言》说："有气则生，无气则死，生者以其气。"把气与生联系起来，认为气是生命的基本条件。总之，先秦哲学所说的气有如下特点：气不是无而是有；气不是形而是形之本；气不是心而与心相对；气是生命的基本条件。

　　先秦以后的各个朝代都有人对"理""气"做出不同的阐述，但是宋代以前，理气范畴基本上是各自独立的。将二者整体合观，作为一对高度概括的哲学范畴，用以探讨世界的本原，是宋理学家的创造。

　　依据对理和气何者为宇宙本原的不同回答，宋明时期的哲学鲜明地分为理本论和气本论两大派别。二程和朱熹是理本论的代表。程朱理学以"天理"为世界之本体，"天理"纯为精神性的理念，是专制时代政治文化的"君道臣节名教纲常"的形上表述。它不仅不依存于物质世界，而且在物质世界的存在之先，这就把某种具有历史相对性的法则或秩序绝对化、神圣化为完全超验的、具有永恒性的统治秩序。

张载是宋代气本论哲学的著名代表。他认为一切存在都是气："凡可状皆有也，凡有皆象也，凡象皆气也。"他提出"太虚即气"的命题，认为有形的万物和无形的太虚是统一的，其统一的基础就是气。他还提出气不灭论，反对二程的"气散"即"气灭"，认为气有聚散，而无生灭，气聚而为万物，气散而为太虚，无论万物或是太虚，都是气的存在状态，因而气是无限、永恒的世界本体。他明确把理看作是物质运动的规律，即气变化流行的秩序和条理，认为理在气中，理从属于气。明代王廷相继承了张载的气本论哲学。他认为"天内外皆气，地中亦气，物虚实皆气"，气是世界上唯一的实体；理是气之理，"理根于气，不能独存"。

王夫之在更高理论层次上否定了程朱的理本论，发展了张载的气本论，对宋明以来在理气关系问题上的哲学论争作了比较全面的总结。

理气之辨，首先取决于如何给"理"下定义。"理"如果是先于事物而存在的，就是一个虚无惝恍的精神实体，一种"无人身的理性"。王夫之关于"理"的定义与此相反，他说：

> 凡言理者有二，一则天地万物已然之条理，一则健顺五常、天以命人而人受为性之至理。二者皆全乎天之事。
> 理者，天所昭著之秩序也。

理是自然界固有的条理、规则和秩序："天下之务因乎物，物有其理矣。""理"不是有形的事物，而是无形的法则，不是外在的现象，而是内在的必然，是看不见摸不着的。人亦是自然演化之产物，讲到"人受为性之至理"亦不能脱离自然界的物质存在。理既是万物的条理、规则和秩序，而气则是一切事物的本原，所以，理亦是气之理。理不能脱离物质的存在而存在，因而决不能像朱熹那样把理与气看作"决是二物"，而应该确认理与气不可分离。他说：

> 理与气元不可分作两截。

理与气不相离。

言气即离理不得。

在理与气事实上不可分离、逻辑上互相依存的意义上，王夫之具体论述道：

理在气中，气无非理，气在空中，空无非气，通一而无二者也。

理只在气上见，其一阴一阳，多少分合、主持、调剂者，即是理。

"通一而无二"，指统一而不可分割。"理只在气上见"，指规律是事物的规律，只有在事物的运动变化发展中才能认识理。"分合、主持、调剂者，即是理"，指阴阳二气的相互摩荡，聚散分合，屈伸往来，都是有规律的，规律即是理。因此，他得出结论说："理与气互相为体，而气外无理，理外亦不能成其气。善言理气者，必不判然离析之。"王夫之坚持理气不可分离，旨在否定气外有理，坚持气外无理。也就是坚持以气为体，反对以理为体，以心为体。

王夫之不同意朱熹关于"理先气后"的说法，认为理与气是同时存在的，无所谓先后。说气是第一，就意味着有无理之气；说理是第一，就意味着有无气之理；这两种说法在事实上是讲不通的，在逻辑上是不严谨的。王夫之不是这样，他有一种在确认世界的物质统一性前提下来论定理气之关系的更为准确的说法：

理只是以象二仪之妙，气方是二仪之实。健者，气之健也；顺者，气之顺也。天人之蕴，一气而已。从乎气之善而谓之理，气外更无虚托孤立之理也。

"理"与"气"的关系，是"二仪之实"与"以象二仪之妙"的关系，即物质实有与其存在方式或运动变化之规律的关系，"实"是本体，"妙"是样态，没有本体的样态与没有样态的本体，或没有存在方式的存有与没有存有的存在方式，都是不可想象的。你可以在叙述方式上或逻辑上先讲"气"为存有本体，后讲"理"乃是"以象"存有之样态或存在的方式，但你却不可在事实上将二者判然离析、强分先后，否则，你可以讲无理之气，别人也就可以讲无气之理。应该承认，王夫之以本体与"以象"样态的关系来规定理气关系，是比简单地讲"第一性""第二性"更为准确的。正是立足于此种对理气关系的准确理解，王夫之强调：

> 理即是气之理，气当得如此便是理，理不先而气不后。
>
> 惟本此一实之体，自然成理，……
>
> 天下岂别有所谓理，气得其理之谓理也。气原是有理底，尽天地之间无不是气，即无不是理也。
>
> 气之妙者，斯即为理。气以成形，而理即在焉。两间无离气之理，则安得别为一宗，而各有所出？

理不是独立的，而是"气之理"。所谓"安得别为一宗，而各有所出？"，既反对了认为气外别有虚托孤立之理的"理本论"，也堵死了以"理气"为"决是二物"、由此走向二元论的通道。更重要的，是反对以先验的"天理"来设定人类的生活与实践，坚决拒斥一切脱离物质世界、并高高地凌驾于物质世界和人类社会生活之上的"先设之定理"。王夫之在注张载《正蒙》"天之生物也有序"这句话时强调指出：

> 其序之也亦无先设之定理，而序之自天，在天者即为理。

所谓"序之自天，在天者即为理"，即王夫之所说的在"气凝为形"的过程中，"其所以成形而非有形者为理""理"是气的存在和演化的方式；气凝为物而形成宇宙秩序，并没有什么"先设之定理"来规范它，定理就在气化流行之中。

既然不存在所谓"先设之定理"，既然确认"理"只是"气"的条理、秩序和变化规则，那么，寓于物质世界中的"理"也就与物质世界同样生动、丰富和变化不居，与人的生命追求、人类的生活与实践同样活泼、多样、异彩纷呈，即所谓"其得理者理也，其失理者亦何莫非理也。"由此，王夫之得出了以下富于启蒙精神的哲学结论：

气者，理之依也。气盛则理达。天积其健盛之气，故秩叙条理，精密变化而日新。

理本非一成可执之物，不可得而见；气之条绪节文，乃理之可见者也。故其始之有理，即于气上见理；迨已得理，则自然成势，又只在势之必然处见理。

气在变，即理在变，秩序在变；没有永恒不变的世界，亦没有永恒不变的社会秩序；因此，理"非一成可执"，理"变化而日新"。——这正是王夫之"破块启蒙、灿然皆有"的哲学本体论在理气关系的展开中必然要得出的结论！

综观上述，王夫之反复论述"理气一也""理依于气"，旨在坚持理气统一，且统一于气，反对朱熹"理先气后""气是依傍这理行"以及理是"生物之本"的理本论思想；在批判程朱理学"天者一理"论和陆王心学"心即理"论的过程中，王夫之建立了以气本论为基础的理气统一论，将宋明以来关于理气关系问题的讨论推进到新的高度，为中国古典哲学的发展注入了新的生机。但是，毋庸讳言，由于历史的局限，王夫之的理气关系论仍然具有天赋道德论的余绪。比如："凡言理者有二：一则天地万物已然之条理，一则健顺五常，天以命人而人受为性之至理。二者皆全乎天之事。"认为仁义礼智信之"五常"是天赋予人的"至理"。仍然把封建道德天理化，没有完全摆脱程朱理学的束缚。以后，颜元、戴震等人对程朱的理气观继续有所批判，但在理论的总体上都没有超出王夫之的水平。

道器之辨

在中国古代哲学的本体论中，如何论说"道"与"器"的关系，也是不同学派争论的一个重大问题。道与器是中国易学和哲学的一对范畴。《周易》以有形与无形区别道与器。《周易·系辞上》说："形而上者谓之道，形而下者谓之器。""道"指乾坤、阴阳变化的法则，法则是无形的，所以称之为"形而上"；"器"指具体事物及其卦象，具体事物及其卦象是有形的，所以称之为"形而下"。此后，"道"与"器"逐渐演绎成为中国古典哲学的基本范畴。唐代孔颖达在《周易正义》中说："道是无体之名，形是有质之称，凡有从无而生，形由道而立，是先道而后形。"认为有生于无，形生于道，道先而形后。又说："以无言之，存乎道体；以有言之，存乎器用。"认为道体器用，道本器末，以魏晋玄学的体用观——无为体，有为用，解释道与器的体用关系。与此相反，唐代崔憬则以器为体，以道为用，并认为形质、体用、道器不可分离。

宋明以来，关于道器之辨的哲学论说，更具有特殊的重要意义。这种特殊的重要意义，就在于围绕这一问题所展开的不同论说，乃是人类生活与实践中复旧与创新、保守与变革两种不同的倾向在高度抽象化的哲学本体论上的投射或反映。

张载以气为器，以气化为道，认为道根于器。程颐也以阴阳二气为器，以阴阳二气的所以然为道，但是认为道本器末，道是器的根源。程颢不同，认为道和气都是根于人心，所以不必区分。朱熹继承了程颐的说法，明确提出："道非器不形，器非道不立。"并认为："道器之间，分际堪明，不可乱也。"陆九渊则继承了程颢的观点，认为"一阴一阳已是形而上者"，不赞成区分形而上和形而下。其弟子杨简批评《系辞》区分道器，是非圣人之言。

"道"作为哲学范畴，在王夫之的著作中有三重含义：

一是"一阴一阳之谓道"意义上的物质本体。在此意义上，道即是一阴一阳；而作为具体事物的"器"则"无非一阴一阳之和而成"，故曰"道体器用"；一阴一阳的气化运动并不因具体事物的成毁而止息，故曰"器敝而道未尝息"。

二是作为事物的条理、法则、规律的"道"，其中包含事物的"必然之理"与"当然之则"。在这一意义上，王夫之讲"器体道用"，道与器不可分离，道在器中，"无其器则无其道""据器而道存，离器而道毁"等等。

三是综合"一阴一阳之谓道"与作为事物之条理、法则、规律的"道"这两种含义的"道"。在这一意义上，王夫之说："道者，物所众著而共由者也。"物所众著，是指一阴一阳的气化运动所生成的"可见之实"；物所共由，是指受"一阴一阳"的矛盾法则所支配的事物自我运动的"可循之恒"，气化运动及其法则寓于"可见"之象、"可循"之形之中，故曰"两间皆阴阳"而"两间皆道"。

从宋明至清初，道器之辨的哲学论说主要是在把"道"理解为规律或常则、把"器"理解为有形的具体事物的理论层面上进行的，而把"道"理解为"一阴一阳"的物质本体（"一阴一阳之谓道"）、把"器"理解为具体事物的论说则处于次要的地位。王夫之与程朱理学家在道器关系问题上的分歧，主要集中在规律与事物之关系的层面上。

针对朱熹将道与器分离，并由此形成道本论，王夫之对《易传》的道器论作了新的解释。王夫之认为道与器都是阴阳二气和合而成。他说：

> 统此一物，形而上则谓之道，形而下则谓之器，无非一阴一阳之和而成。尽器则道在其中也。

这一方面改造了"一阴一阳之谓道"的命题，克服了这一命题道器不分、于"气"单纯言道不言器的缺陷；一方面又批判和否定了朱熹道器分离、于"气"单纯言器不言道的谬误。

王夫之认为，道与器不论形上和形下，都是有形，都是"实有"。他说：

> 形而上者隐也，形而下者显也。才说个形而上，早已有一"形"字为可按之迹、可指求之主名，就者上面穷将去，虽深求而亦无不可。
>
> 无形，非无形也，人之目力穷于微，遂见为无也。心量穷于大，耳目之力穷于小。
>
> 形而上者，非无形之谓。

王夫之认为，形上与形下都是形，是形的隐与显，不是形的有与无。形上是隐之形，由于人的耳目之力有限，不可见而不可闻。但是，完全可以为人的心力所认知。因此，形上不是无形，人们对形上的认识不能完全以人的感觉为转移。形上形下之间，没有一成不变的界限。针对朱熹强调"上下之间，分别得一个界止分明""道器之间，分际甚明，不可乱也"，他说：

> "谓之"者，从其谓而立之名也。"上下"者，初不定界，从乎所拟议
> 而施之谓也。然而上下无殊畛，而道器无易体，明矣。

王夫之认为形上和形下的区别是相对的，是基于人们的比拟和议论问题不同
而给予不同的名称。他举例《周易》的"象"与"易""象"相对于所象事物，
"象"是道，所象事物是器；相对于"易""象"则是器，"易"则是道了。形上形
下之间，道器之间，只是由于人们思考和谈论的角度不同而给以不同的名称，而
不可将其看作截然分离的二物。他进一步说：

> 形而上者谓之道，形而下者谓之器，统之乎一形，非以相致，而何容
> 相舍乎？"得言忘象，得意忘言"，以辨虞翻之固陋则可矣，而于道则愈
> 远矣。

自然气化的物质运动产生出作为具体事物的器，"物之体则是形"，亦即王夫
之所说的"形器"，因此，道与器皆"统之乎一形"；道与器既然不是人为地将他
们互相结合（"相致"）在一起的，因而也就不能人为地将它们分离（"相舍"）。
所以，他坚决反对魏晋玄学家王弼以"筌非鱼，蹄非兔""得言忘象的玄谈来割裂
道器，认为"《易》有象，象者像器者也；卦有爻，爻者效器者也；爻有辞，辞者
辨器者也"，《易》之卦象爻辞，"皆名也"，即全是对于具体事物的抽象和解说，
并没有脱离具体事物。因此，像王弼那样离开了有"象"可见的具体事物而言道，
只能是于道愈远。

如果说，主张道器统一，还是主张道器分离，是宋明以来道器论分歧的出发
点；那么在道器统一体中，道器的关系究竟如何，是坚持道是器之道，还是坚持
器是道之器，则是宋明以来道器论论争的焦点。

在主张道器统一，提出"器道相须"命题的基础上，王夫之坚决反对器是道
之器，进一步提出了"天下惟器"的著名命题。他说：

> 天下惟器而已矣。道者器之道，器者不可谓之道之器。

这里所说的"器"指具体事物，"道"指事物的规律或法则。这句话的意思是，事物的规律存在于事物之中，有某种事物的存在，才有某种事物的规律；如果根本没有某种事物，也就不可能有该事物的规律。因此，规律是事物的规律的事物，不能说事物是规律的事物。"道"既是具体事物之道，是事物所"自生"或固有，因而器是体，道是用。王夫之以经过人类生活与实践证明、无可辩驳的大量经验事实来论证这一观点。

> 无其道则无其器，人类能言之。……无其器则无其道，人鲜能言之，而固其诚然者也。洪荒无揖让之道，唐虞无吊伐之道，汉唐无今日之道，则今日无他年之道者多矣。未有矢而无射道，未有车马而无御道，未有牢醴璧币、钟磬管弦而无礼乐之道。则未有子而无父道，未有弟而无兄道，道之可有而且无者多矣。故无其器则无其道，诚然之言也，而人特未之察耳。

这段话阐发了两个重要思想：第一，道依于器，无其器则无其道。例如，人同禽兽相近的洪荒时代，没有礼让之道；没有牲酒玉帛之物，没有钟磬管弦之器，没有礼乐之道。第二，道随器的变化而变化，器变则道变。但是，这种变化不是以道为转移，而是以器为转移。例如，汉唐无今日之道，今日无他年之道。也就是说，天下没有永恒不变的抽象法则。道不只是要变，还要因时应势，要随器的发展而变化；器变了，道必须随之而变化。

在"器"的范畴中，不仅包含着自然万物，而且包含着人类实践所创造的各种器物，如弓矢、车马、牢醴璧币、钟磬管弦之属；在"道"的范畴中，不仅包含着自然万物的条理规则，而且包含着寓于人类实践所创造的各种器物中的道，如射道、御道、礼乐之道，还包含了与社会发展的特定历史阶段上出现的揖让之道、吊伐之道等等。人类的生活与实践创造了自然界中所没有的新事物，还将创造出既往的社会中所没有的新事物；新事物层出不穷，故曰"道因时而万殊"。人类社会在发展，其治道也不是永恒不变的，唐虞之道只能治唐虞之天下，汉唐之道亦只能治汉唐之天下，今日之道只能治今日之天下，而未来之天下则犹待"他年之道"，故曰"道因时而万殊""今日无他年之道者多矣"。王夫之有言曰："天道不遗于禽兽，而人道则为人之独。"人道是依存于人类的具体的历史的实践的。既然如此，以"天不变"来论证"道亦不变"又如何能够成立？以脱离了人类生活与实践的虚构的"道之本体"来论证纲常万古的教条，又如何能够令人信服？而确认"道"的无限丰富的多样性和趋时而更新的可变性，才是一种使古老的中国社会恢复和保持生机与活力的理论，一种顺应时代进步潮流、洋溢着创造进化之激情的理论，一种将人们从"执一以贼道"的中世纪蒙昧下解放出来的富于启蒙精神的理论。

王夫之的道器论是近代维新变法运动的重要理论依据。维新运动领袖谭嗣同极力推崇王夫之的天下惟器的思想。他说："衡阳王子有'道不离器'之说。……诚然之言也。信如此言，则道必依于器而后有实用，果非空漠无物之中有所谓道矣！"又说："今天下亦一器也。……故变法者，器既变矣，道之且无者不能终无，道之可有者自须亟有也。……嗟乎！不变今之法，虽周、孔复起，必不能以今之法治今之天下，断断然矣。"表彰王夫之的道器论为维新变法运动提供理论根据。

动静论

在中国古典哲学中，"动"与"静"这两个概念的含义，比物理学所讲的运动和静止的含义，要宽泛得多，复杂得多。如，变易、有欲、有为、刚健等都被纳入"动"的范畴，守常、无欲、无为、柔顺等被纳入"静"的范畴。因此，它包含着丰富的内容，被用来广泛地解释中国古典哲学各方面的问题。

在宇宙论或本体论上，中国古代哲学家一般都肯定天地万物处于不断运动变化中。但一深入到动静关系问题，看法就很不一致。释老玄学主静。老子说："夫物芸芸，各复归其根。归根曰静，静曰复命。"王弼《老子注》注释说："凡有起于虚，动起于静。""动复则静，行复则止，事复则无事。"认为静不仅是根本的，而且是绝对的。佛教以静为本，把动静的差别完全归结为主观幻想。更多的哲学家从动静相互依存、相互包含、相互转化等方面来探讨二者的关系，最后才归结为以动为主或以静为主。如《易传》主张乾坤的动静交替产生万物，并归结为以动为主。程朱理学对动静的依存、转化关系有了进一步的探讨，但最终演绎为静者为主，动者为客，以静为本。朱熹说："静即太极之体也，动即太极之用也。"以静为宇宙之本体。

作为人性论或修养论，《礼记·乐记》最早提出性静欲动说："人生而静，天之性也；感于物而动，性之欲也。"并认物为："之感人无穷""灭天理而穷人欲"会导致"悖道""作乱"之事。因此，主静说在中国古代修养论中占据主要地位。老子主张"清静为天下正"。庄子主张"心斋""坐忘"，要求做到"形如槁木，心如死灰"，使修养论上的主静说达到极端。至宋明理学，人性论、修养论中的主静说又得到了新的发展。周敦颐明确提出"主静"。张载提出"居敬"。张载的"居敬"说和周敦颐的"主静"说在本质上是一致的。他赞扬周氏道："专于敬字上勉力，愈觉周子主静之意为有味。"为与佛道的虚静划一界限，二程兼采周、张，以"主敬"代替"主静"，认为"敬则自虚静，不可虚静唤作敬"，强调敬不是绝对、消极的静。朱熹继承和发展周、程的思想，主张动静双修："当动而动，当静而静，动静不失其时"。但是，归结起来，仍然强调以静为本："敬字功夫，通贯动静，而必以静为本。"阳明心学更是主张静是心之体，动是心之用，在强调动静合一的同时以静为本。

在认识论上，古人以水为镜，认为水静则明烛须眉，心静则明烛万物。《庄子·天道》说："水静犹明，何况精神！圣人之心静乎，天地之鉴也，万物之镜也。"《管子·心术上》说："毋先物动，以观其则。动则失位，静乃自得。"又说："去欲则寡，寡则静矣；静则精，精则独矣；独则明，明则神矣。"《荀子·解蔽》发挥了《管子》的思想，提出"将思道者静则察"。从总体上来说，程朱理学和陆王心学的认识论都是重知而轻行，因而都属于主静说。

张载虽在修养论上主静，在本体论上却是坚决主动，并创造性地提出了"一物两体""气化""参两""动非自外""著变与渐化"等著名命题，认为宇宙万物的生生不息都是气的运动变化的结果；气的运动变化过程是气自身的阴阳两个对立面氤氲太和，即互相排斥、互相吸引的过程；这一过程会自然表现为事物的著变与渐化。王廷相继承和发展了张载的气化论，提出"动静互涵""阴阳相待""天乘气机，自运自立""气有偏盛，遂为物主"等命题，认为宇宙万物由于阴阳元气的对立统一，如同一条大河"往而不返，流而不息"；在宇宙万物的运动变化中，动中有静，静中有动，动与静不可分离；阴阳二气虽共处于一个统一体中，但气有偏盛，事物的性质由阴阳二气中居于主导地位的一方所决定。这是张载、王廷相对中国古典哲学动静观的主要贡献。

在前人论争过程中所取得的认识成果的基础上，王夫之吸收和改造了自老子到宋明理学诸儒的合理因素，并尽可能概括当时自然科学的成就，对中国古典哲学的动静观进一步作了全面、系统和深入的探讨。因此，王夫之的动静观包含有广泛而深刻的内容，取得了许多重要突破，达到了当时的最高思想水平。

王夫之是主动论者。他所说的"动"不是主观虚幻，而是太虚氤氲、阴阳二气所固有的属性。通过对中国哲学史上传统主静说的考察，王夫之深知尽管说法不一，但都是脱离物质实体谈动静。因此，王夫之首先论证的就是物质实体与动静，即阴阳二气与动静的不可分离的关系。他说：

　　太虚者，本动者也。动以入动，不息不滞。
　　阴阳者气之二体，动静者气之二机，体同而用异则相感而动，动而成象则静。动静之机，聚散、出入、形不形之从来也。
　　动静者即此阴阳之动静，动则阴变于阳，静则阳凝于阴。

这样，就把运动和宇宙本原结合起来，将动静观确立在气一元论的基础上，充分肯定了阴阳二气的交感运动是宇宙本原的固有属性，是宇宙万物变化发展的根本原因。也就是说，有阴阳才有动静，没有阴阳实体的动和静是不存在的。

动静互涵，动静皆动。将动与静分离，或者离动言静；或者离静言动，是传统动静观的基本特征。哲学史上的主静派强调静止是事物的本质，在静的前提下谈动静关系，认为静止是绝对的，运动不过是静止的表现形式。王夫之突破这一传统，在动静是阴阳二气之动静的气一元论的基础上，进一步探讨了动和静的关系。他说：

动静互涵，以为万变之宗。

方动即静，方静旋动，静即含动，动不舍静，善体天地之化者，未有不如此者也。

圣能存神，则动而不离乎静之存，静而皆备其动之理。

"动静互涵"，就是动和静互相依存，互相包含。"存神"，指动静合一。王夫之 "动静互涵" 的命题及其思想，充分肯定了动和静的对立统一是宇宙万物赖以存在和发展的基础，否定了所有把运动和静止割裂开来的传统观点。

王夫之认为，运动是绝对的、根本的，而静止则是相对的、依存的。他强调：

天地之气恒生于动而不生于静。

气机物化，皆有往来，原于道之流荡，推移吐纳，妙于不静。

他认为天下不存在 "废然无动" 的所谓 "静"，相对的静止不过是运动的特殊表现形式。他说：

太极动而生阳，动之动也；静而生阴，动之静也。废然无动而静，阴恶从生哉！一动一静，阖辟之谓也。由阖而辟，由辟而阖，皆动也。废然而静，则是息矣。

他认为自然界是一个永恒地自我运动着的物质过程，阴阳动静是太极 "固有之蕴"，是物质世界的自我运动所固有的内部蓬勃开展。由此，他批判了传统形而上学的静止观，认定 "静由动得" 而 "动不藉于静"；"不动之常，惟以动验；既动之常，不待反推"，确认事物永恒运动的绝对性，而静止只具有相对的意义。

王夫之进一步把动和静相互连接起来，肯定 "动静皆动"。"动静皆动" 是王夫之关于动静关系，关于动与静在事物产生和发展过程中各占何种地位的最高理论概括。它表明运动是绝对的，静止是相对的，无论动之动还是动之静都是物质运动的表现形式，绝对静止的事物是不存在的。他说：

> 动静皆动也，由动之静，亦动也。
> 静者静动，非不动也。
> 止而行之，动动也；行而止之，静亦动也；一也。
> 动静互涵，以为万变之宗。

"动静皆动"，王夫之把运动分为两种形态：一是动态的动，即"动之动"；一是静态的动，即"静之动"。而动和静都统一于动。王夫之关于动静关系的这一见解是传统哲学所没有达到的理论高度，在当时的历史条件下已接近于现代辩证唯物主义动静观的表述，是十分难能可贵的。同时，王夫之认为，在事物产生和发展的过程中，动比静更为根本，更为重要。他说：

> 动为造化之权舆。
> 天地之气，恒生于动，而不生于静。

在他看来，运动是宇宙发展的核心，运动的绝对性，最根本的表现就在于运动是万物存在和发展的根本原因，没有运动就没有一切。他还提出：

> 动者，道之枢，德之牖也。
> "立天下之大本"，则须兼动静而致功，合阴阳以成能。……"知天地之化育"，则只在动处体会，以动者生而静者杀也。

这是说，运动是事物发展的枢纽，是展示道德的窗口，是人们认识事物规律的根本途径。无疑，这是王夫之动静观的方法论意义。针对周敦颐、朱熹的主静说，王夫之尖锐指出："一动一静，阖辟之谓也。由阖而辟，由辟而阖，皆动也，废然而静，则是息矣。"认为动静皆动是宇宙生命之所在，如果静止是绝对的，宇宙的生命就会停止。

当然，王夫之并不否认相对静止的意义和作用。他指出："二气之动，交感而生，凝滞而成物我之万象""动而成象则静"。相对的静止，是"物我万象"得以形成的必要条件。不承认相对静止，就不能理解统一的物质世界的各种具体事物及其运动形式的多样性；而只有承认相对静止，才能区别千态万状的具体事物及其不同的运动形式。由此，他批判了庄周和佛教所谓"方生方死""方成方毁""刹那生灭""行尽如驰"等割裂运动和静止的形而上学的运动观。

化变观、常变观与两一观

张载曾区别"化"与"变"这对哲学范畴，认为"化言其渐""变言其著"，这实际上讲的是事物发展过程中的量变和质变的关系问题。王夫之继承张载，进一步展开了关于"化"与"变"的关系的论说，从主动论的动静观引申出尚变论的化变观，从"荣枯相代而弥见其新"的宇宙法则引申出"更新而趋时""破块启蒙"的社会和人生的法则。

王夫之认为，絪缊化生的过程，就是"天地之化日新"的过程，就是一个"已消""且息"（生息）的过程。所谓"化生"或"化变"，就是生死更迭、新故相代。任何自然过程，都有旧事物在"屈而消"，新事物在"伸而息"：

> 其屈而消，即鬼也；伸而息，则神也。神则生，鬼则死。消之也速而息不给于相继，则夭而死。守其故物而不能日新，虽其未消，亦槁而死。……故曰"日新之谓盛德"，……

在絪缊化生的过程中，新旧因素此消彼长，旧的因素在日渐消亡，而新的因素则在不断地生长，"推移吐纳，妙于不静"，遂导致"荣枯代谢而弥见其新"，使自然界总是处于不断的自我更新之中。因此，王夫之把新陈代谢看作是宇宙的根本法则。他认为从天上的日月风雷，到地上的江河湖泊和人身的爪发肌肉，都无时无刻不在变化更新，从来没有什么永恒不变的事物。

王夫之把生命的运动、生物的发展变化分为五个阶段：一是"胚胎"，生物的孕育、奠基阶段。王夫之称之为："阴阳充积，聚定其基"。二是"流荡"，阴阳交感，动静往来，生命体处于初期形成中。三是"灌注"，事物发展成为固定形态，处在同化的生长过程中。四是"衰减"，事物的异化、衰亡过程。王夫之称之为："基量有穷。予之而不能多受。"五是"散灭"，事物的新陈代谢，吐故纳新。王夫之称之为："衰减之穷，予而不茹，则推故而别致其新。"正是从"致新"的意义上，王夫之极富思辨地提出："死亦生之大造"，即旧事物的死亡正是新事物诞生的条件，伴随着旧事物的灭亡，新事物应运而生。

张载把气化区分为"变"和"化"两种形式。"变，言其著；化，言其渐。"即显著的变化谓之变，渐缓的变化谓之化。王夫之进一步将事物的变化日新概括为两种类型：一是"内成"，一是"外生"。

事物在现质基础上的量的变化，王夫之称之为"内成"，并指出其特点是"通而自成"。这时事物的内容虽也不断更新，事物的质也时时有微小的变化，但未发生根本质变而保持着其原有的性状和规律。"质日代而形如一""日新而不爽其故"。如大自然中的日月、江河，如人体，每天都在新陈代谢，但在一定的条件下都保持着原有的"规模仪象"；又如生物的生长发育，从胚胎、流荡、灌注到衰减的过程，都是生命体内部量的逐渐变化的过程。这种"变必通""通而自成"的变化，是事物的自我更新。

事物超出某种规定性范围而发生的质变，王夫之称之为"外生"，并指出其特点是"变而生彼"。这时，旧事物从内容到形式都发生了根本质变，从而由旧的形体变为新的形体，由此物变为彼物，这是"推故而别致其新"的飞跃。这种"穷必变""变而生彼"的变化，是一种"谢故以生新"的进化运动。

王夫之所阐发的"天地之化日新"思想，一方面固然是为了揭示宇宙生成、发展和变化的规律，但另一方面，也是更重要的方面，是为了从客观存在的宇宙规律中探寻人类生活和实践的合理性依据。

王夫之的主动哲学不是主观的、任意的，而是与对事物运动规律的探讨紧密结合在一起。也就是说，宇宙是运动的，运动是有规律的。当然，这不是王夫之的发明。但他将中国古典哲学的这一合理内核，阐发到新的极致。

关于事物运动与规律的关系，王夫之主要通过论述"常变观"与"两一观"

两个概念而展开。

"常",指事物变化的客观规律,是事物发展过程中一定要贯彻下去的趋势,即必然性;"变",则是指事物发展变化途程中出现的偶然性;必然之常就在偶然之变之中,因此,事物发展过程中的常与变的统一也就表现为必然性与偶然性的统一。他说:

> 阴阳之气,絪缊而化醇,虽有大成之序,而实无序。以天化言之,寒暑之变有定矣,而由寒之暑,由暑之寒,风雨阴晴,递变其间,非日日渐寒,日目渐暑,克期不爽也。以人物言之,少老之变有定矣,而修短无期,衰旺无恒,其间血气之消长,非旺之中无偶衰,衰之后不再旺,渐旺渐衰以趋于消灭,可克期而数也。

这里所说的"絪缊而化醇"的"大成之序",就是指变化的普遍法则或常规,是必然性;而"无序",则是指在事物发展过程中可以这样出现、也可以那样出现的偶然性。王夫之以气候的寒暑变迁和人由少至老为例,来说明"大成之序"的必然性是通过"实无序"的偶然性而表现出来的。由寒而暑,由暑至寒,虽然总的趋势是确定的,但未必由寒至暑就是气温一天比一天热,由暑而寒也未必就是气温一天比一天冷,至于其中的风雨阴晴,更带有极大的偶然性,不可能"克期不爽"。人生由少而老是必然的,但形神之衰旺,血气之消长,亦不可"克期而数",旺之中可能有偶衰,衰之后未必就不可再旺,这些也都带有极大的偶然性。总之,必然性是通过偶然性来为自己开辟道路的,反映客观必然性的"常"只有通过无穷无尽的偶然性的"变"才能得以贯彻,偶然性体现着必然性。他进一步概括说:

> 自有生物以来,迄于终古,荣枯生死、屈伸变化之无常,而不爽其则。有物也,必有则也。

王夫之坚信"变化无常"之中有"不爽"之则,无论事物在发展途程中有多少偶然因素发生作用而"变化无常",但"无常"中自有"常"在,"常"就是事物的"不爽"之则，事物的变化总是遵循其固有规律而进行，其总趋势是不会改变的。而认识常变关系的目的，在于把握事物发展变化的普遍法则和客观必然性，"蹈常处变"，能动地改造世界。他强调人能够通过偶然认识必然，把握事物发展的普遍法则；又以此为前提来应对各种变局：

> 天地固有其至变，而存之于人以为常。
>
> 执常以迎变，要变以知常。故天地有《易》而人用之。用之则丽于人，而无不即人心之忧。故曰：变在天地，而常在人。

他认为只有把握了事物变化的客观必然性，"纤芥毫毛之得失，皆信其必至"；在事物发生反常的变化时，就不致惊惶失措，"动不以非常为怪"；这样才能"优游于变化之至"，即认识必然，从容对待变局。

王夫之将事物运动、变化、发展的原因，精辟地概括为："天下之变万，而要归于两端。"所谓"两端"，即气之阴阳。王夫之这一思想是对张载"一物两体"观点的继承与发展。

张载在《正蒙·参两》说："一物两体，气也。一故神，两故化。""一物"，指物之统一体；"两体"，指阴阳两个对立面；"神"，指气化运动的性能或潜能；"化"，指阴阳二气相互作用而引起的气化运动，以及由此引起的事物的变化；"一故神，两故化"，则是指有统一之物体才有气化运动之可能，有阴阳两个对立面的相互作用才有气化运动之现实。因此，张载提出："动非自外""天地变化，二端而已"。

王夫之在张载"一物两体"学说的基础上，进一步规定了任何统一体中矛盾着的对立面之间的二重关系。王夫之认为，事物运动和变化日新的泉源在于阴阳二气的相互作用。也就是说，事物运动、变化、发展的原因不在事物外部，而在事物内部。"氤氲之中阴阳具足，而变易出""凡天下之物，一皆阴阳往来之神所变化。物物有阴阳事亦如此。"

阴阳二气既对立又统一。一方面是"相峙而并立""判然各为一物，其性情、才质、功效，皆不可强之而同"，这是"分一为二"的关系；另一方面，二者又

"两相倚而不离也""交相入而包孕以运动之貌"，这是"合二以一"的关系。"分一为二"和"合二以一"是宇宙物质运动的普遍规律。

这两重关系，又不可割裂，"其理并行而不相拂""合二为一者，既分一为二之所固有矣""非有一，则无两"。所以，他比较强调矛盾的同一性的意义和作用。他认为，主要应研究对立的事物"相因非相反""相承而无不可通"的关系。他举例说，呼和吸是一对矛盾，可是"呼之必有吸，吸之必有呼，统一气而互为息，相因而非反也。"刚柔、燥湿是对立的，可是"以燥合燥者裂而不得刚，以湿合湿者流而不得柔，统二用而听乎调，相承而无不可通也。"王夫之展开的矛盾同一观，思想斗争的矛头，主要是指向邵雍、朱熹等的矛盾定位论及其形而上学的两分法；在哲学思维的逻辑进展上，则是克服了张载的"本一故能合"的矛盾直接和解论，也克服了王安石的矛盾简单"耦立"论和叶适的"言道者必以两"的片面性。

阴阳二气的对立统一、相互作用是事物运动、变化和发展的根本原因。王夫之充分肯定了"分一为二"和"合二以一"在变化日新中的地位与作用。他说："万物之成，以错综而成用""非异则不成"。认为，宇宙万物，包括社会事物，都是在对立物的交感作用中形成发展的；不通过矛盾对立面的斗争，对立就不能解决，新的统一体不能形成。

在此基础上，王夫之又进一步指出，矛盾对立的双方在一定的条件下互相转化。认为"阴阳有定性而无定质"，阴可以在一定的条件下转化为阳，阳亦可以在一定的条件下转化为阴。他根本否认有所谓"截然分析而必相对待之物"，指出：

> 天下有截然分析而必相对待之物乎？求之于天地，无有此也；求之于万物，无有此也；反而求之于心，抑未谂其必然也。
>
> 天尊于上，而天入地中，无深不察；地卑于下，而地升天际，无高不彻，其界不可得而剖也。……存必于存，邈古之存，不留于今日；亡必于亡，今者所亡，不绝于将来，其局不可得而定也。天下有公是，而执是则非；天下有公非，而凡非可是，……其别不可得而拘也。

这就是说，矛盾着的对立面，无不相互转化，没有"截然分析"之物，尊与卑、上与下、存与亡、是与非，都是可以相互转化的，没有一成不变的定局。人们不应当用孤立、静止、片面的观点去看待事物的对立面。

更为值得注意的是，王夫之对矛盾的斗争性的重视。阴阳相搏而出现的风雷变局，虽不可预期，却是可以认识、可以理解的。这种状态为天地间所固有，并且"为功于万物，而万物不得执之以为用"。这是明确承认了矛盾的斗争性，以及通过斗争和对抗会引起事物的剧烈变动。他强调人应该于差异、对立和斗争中把握同一，在同一中看到差异、对立和斗争，并且要以"乐观其反"的态度而"不畏其争"。他说：

> 夫同者所以统异也，异者所以贞同也，是以君子善其交而不畏其争。

王夫之进一步用矛盾的对立面相互斗争的观点来解释社会现象，认为"豪强兼并之家"与"流离失所"的"小民"是尖锐对立的两极。"所聚者盈溢，所损者空矣"，统治者"迫民于死地，民乃视之如仇雠""货积于上而怨流于下""民安得不饥寒而攘臂以起哉！"他认为，社会政治生活中发生激烈的斗争，也并非完全是坏事，可能会引出好的结果。他说：

> 天下之势，循则极，极则反。
>
> 势极于不可止，必大反而后能有所定。故《易》曰："倾否，先否后喜。"否之已极，消之不得也，倾之而后喜。

矛盾的激化，必然发生剧烈的斗争。尖锐的矛盾无法消解，只能一方推翻另一方，"倾之而后喜"。他意识到矛盾双方存在斗争性，对立面的斗争，促成矛盾的转化，事物也就由"否"变"喜"。这是王夫之哲学思想中迸发出的最激进的思想火花。

能 所 辨

"能"与"所"原是印度佛教哲学术语，以表示和区别主体和客体、主观认识能力和客观认识对象。"能"指主体，指能动一方；"所"指客体，指被动一方。例如："能缘""能知"指认识主体及其能动作用；"所缘""所知"指认识对象；"能取"是内识，"所取"是外境。佛教承认主观认识和客观对象的区别，但把所知对象看作是能知主体产生的作用和幻境，认为客观对象依赖于主体认识，把客观对象消融于认识主体之中，从而消"所"于"能"，以"能"为"所"。佛教传入中国后，中国佛教学者也使用这对范畴来论述认识论问题。如东晋学者僧肇在《般若无知论》中论道："般若即能知也。五阴即所知也。所知即缘也。夫知与所知，相与而有，相与而无。"在僧肇看来，"能""所"不能分离，它们"相与而有，相与而无"。如果说"能知"离不开"所知"，即主观认识离不开客观对象，这自然是对的。但是，僧肇强调的是"所知"离不开"能知"，客观对象离不开主观认识。

佛教的"能""所"观对宋明理学影响很大。南宋时期与朱熹齐名的吕祖谦，以及朱熹的高足弟子蔡沈，在注释《尚书》时提出了"君以无逸为所""王敬作所"的论点，把"无逸"和"敬"这些属于主观范围的东西当作客观的"所"。特别是陆王心主张"心外无物""意之所在便是物"，实际上也是消"所"于"能"，以"能"为"所"。因此，王夫之在总结中国古代认识论时候，首先抓住了主客观关系这个认识论的基本问题，对佛教哲学和宋明理学的"能""所"观予以批判性的改造，提出了"因所以发能""能必副其所"的深刻命题，在更高的思维水平扬弃了佛教和理学。

王夫之并没有全盘否定"能""所"范畴，而是以重新诠释加以改造和沿用。他认为，佛教用"能""所"概念将认识活中的主体和客体、主观认识能力和客观认识对象加以区分和规定，是正确的。他说：

　　"能""所"之分，夫固有之，释氏为分授之名，亦非诬也。

　　问题在于如何区分，如何认识二者在认识论中的地位。从这个角度来考察，王夫之对佛教把所知对象看作是能知主体表现的作用或产生的幻境这一根本颠倒，给予了唯物主义的批判改造。他提出了自己的新解释。他说：

　　　　境之俟用者曰"所"，用之加乎境而有功者曰"能"。

又说：

　　　　所谓"能"者即用也，所谓"所"者即体也。……所谓"能"者即思也，所谓"所"者即位也。……所谓"能"者即己也，所谓"所"者即物也。
　　　　阴阳，所也；变合，能也。仁知，能也；山水，所也。中和，能也；礼乐，所也。

　　王夫之把"所"规定为"境之俟用者"，即有待于认识主体作用的客观对象；把"能"规定为"用之加乎境而有功者"，即作用于客观对象而有功效的认识主体。这样的规定，既把认识主体和认识客体正确加以区分，又充分肯定了人的认识的能动作用，显示出王夫之的哲学批判水平。

　　王夫之用"体""用"范畴，对"能""所"关系作了全面的论证。他说：

　　　　乃以俟用者为"所"，则必实有其体；以用乎俟用而可以有功者为"能"，则必实有其用。体俟用，则因"所"以发"能"；用乎体，则"能"必副其"所"。体用一依其实，不背其故，而名实各相称矣。

　　一方面，尽管客体要接受主观的作用才成为对象（"以俟用者为所"），但主观认识毕竟是由客观对象的引发而产生的，"因所以发能"，客观是第一性的；另一方面，"用乎体，则能必副其所"，尽管认识活动要主观作用于客观，但正确的认识必须与客观对象相符合，主观只是客观的副本。这就抓住了认识论的核心问题，表述了唯物主义反映论的基本原则。王夫之的"因所发能"和"能必副其所"的基本思想代表了中国古典哲学反映的最高理论水平。可以说，直到晚清，也没有哪位思想家超出王夫之。

据此，王夫之批判了佛学对"能""所"关系的诡辩和歪曲。他指出：

释氏以有为幻，以无为实，惟心惟识之说抑矛盾自攻而不足以立。

释氏凡三变，而以"能"为"所"之说成。

谓"三变"，指佛教哲学论证和建立以"能"为"所"学说的诡辩手法。第一变，"以有为幻，以无为实"，把一切客观实有的东西都说成是虚幻，而把不存在的东西都说成是实有；第二变，"空我执而无能，空法执而无所"，以否定自身的存在来否定认识主体，否定客观事物的存在来否定认识对象；第三变，"能其所，所其能，消所以入能，而谓能为所"，通过论证主观认识产生认识对象，认识对象产生主观认识，把认识对象消融于认识主体之中，从而论证"能"就是"所"。佛教以为，通过这"三变"，惟心惟识、以"能"为"所"之说已经成立。王夫之则尖锐指出："抑矛盾自攻而不足以立"。王王夫之的"三变"说对佛学"能""所"诡辩论的揭露，为时贤所未及，独到而有说服力。

针对理学附会佛学，王夫之进一步揭露佛学之谬。援道入佛，援佛入儒，儒道佛三教合流，是宋明理学的基本理论特征。确切地说，在吸收佛道思想的同时，理学家们总是在儒家经典中寻找结合点。"能""所"观念也不例外。《尚书·无逸》说："君子所其无逸。"意思是，处在官位的执政者，不要安逸自乐。《尚书·召诰》说："王敬所作，不可不敬德。"意思是，君主治理群臣要严肃不苟，对待自己要认真修德。《尚书》的这番话成为南宋理学家援"能""所"入儒的理论结合点。与朱熹齐名的吕祖谦解释《尚书·无逸》说："君子以无逸为所。"朱熹弟子蔡忱解释《尚书·召诰》说："所处所也，犹所其无逸之所。王能以敬为所，则动静语默，出入起居，无往而不居敬矣。""无逸"和"敬"，都是道德修养，是主观见之于客观的实践活动，不是纯客体范畴。因此，王夫之坚决反对吕、蔡附会佛学，将"无逸"和"敬"当作"所"。他说：

> 吕、蔡何是之从也？敬，无逸，"能"也，非"所"也明甚，而以为"所"，岂非释氏之言乎？
>
> 今曰"以敬作所"，抑曰"以无逸作所"，天下固无有"所"，而惟吾心之能作者为"所"。吾心之能作者为"所"，则吾心未作而天下本无有"所"，是民之可畏。小民之所依，耳尚未闻，目苟未见，心苟未虑，皆将捐之，谓天下之固无此乎？

王夫之指责吕、蔡之言即"佛氏之言"。他深刻地批判了沿袭佛教的陆王心学的谬误实质，就在于"消所以入能"而走到"以能为所"，把"吾心之能起"当作"天下之所起"，即把客观归结为主观，用主观吞没客观，又把主观想象据为客观依据。例如，人们没听到、没看到、没想到，或者听不到、看不到、想不到的，都不是"所"，都不是客观存在。因此，王夫之痛斥这种"拒物而空之"，认为"天下固无有'所'，而惟吾心之能作者为'所'"的谬论。为此，王夫之诘问道：

> 越有山，而我未至越，不可谓越无山，则不可谓我之至越者为越之山也。
>
> 惟吾心之能起为天下之所起，惟吾心之能止为天下之所止，即以是凝之为区宇，而守之为依据，三界惟心而心即界，万法惟识而识即法。呜呼！孰谓儒者而有此哉！

这是说，越国本来就有山，不可以说我到了越，越才有山，我没到越，越就没有山。这一朴实的论证，有力地驳斥了对心学唯心主义"心外无物""意之所在便是物"等谬论，同时也具体剖析了佛教哲学之所谓"三界唯心而心即界，万法唯识而识即法"的失误之所在。

王夫之还论证了"敬"和"无逸"都是修养功夫，是主观见之客观的活动，属于"能"范畴，不能与"所"，即活动的对象混为一谈。他说：

所孝者父，不得谓孝为父；所慈者子，不得谓慈为子；所登者山，不得谓登为山；所涉者水，不得谓涉为水。

这就是说，孝、慈、登山、过河是主体的能动性，父、子、山、水是主体能动性的对象，前者属"能"范畴，后者属"所"范畴，二者不容混淆。他又说：

知身之用，而敬必有所敬，无逸必有所无逸见矣。

"敬"的活动一定有"所敬"的对象，"无逸"的活动一定有"所无逸"的对象。把"敬""无逸"看作"所敬""所无逸"，就是以"能"为"所"。

"所"不在内，"能"不在外，以内外相分别王夫之对"能"与"所"的客观确定性作了进一步论证。他说：

"所"著于人伦物理之中，"能"取诸耳目心思之用。"所"不在内，故心如太虚，有感而皆应。"能"不在外，故为仁由己，反己而必诚。君子之辩此番矣，而不待辩也，心与道之固然，虽有浮明与其凿智者，弗能诬以不然也。

"所"体现在人伦物理中，"能"通过耳目心思发生作用："所"是外界事物，不在主体之内；"能"是主体的认识和活动，不在主体之外；心可以反映外物，但不可以创造物；所谓为仁由己和反身求己，都是主体的道德修养功夫。"敬"和"无逸"也是人的内在的道德修养，因此也在内而不在外，属于"能"而不属于"所"。

总之，"所"是认识对象，是客观存在，不以认识主体为转移；"能"是认识主体，是能动作用，可以认识和改造对象，但不可以无中生有，创造对象。从某种意义上来说，王夫之的能所观是一种革命，他要求认识从客体出发，而不是从主体出发，从现实存在出发，而不是从个人意志、统治者的意志出发。他为一切追求真理、反对守成的人提供了极富建设性的意见。

知行说

知与行是中国古典哲学认识论的基本范畴。知指知识、知觉、思想、认识；行指行为、行动、践履、实践。古人讨论知行问题，多从道德意识和道德行为的关系立论，但也包含有一般认识论的意义。直到王夫之，知行才成为比较纯粹的认识论范畴。

在中国，知行范畴出现很早。《左传·昭公十年》（公元前533年）有"非知之实难，将在行之"的说法。古文《尚书·说命》有"非知之艰，行之惟艰"的思想。这就是传统的知易行难。中国哲学史上长期争论的知行问题，焦点不在知易行难，而在知识的来源以及求知的过程、途径和方法。

春秋末期的孔子首先对知识的来源做了回答。他认为有"生而知之者"，有"学而知之者"。"生而知之"的观点有知行分离倾向，"学而知之"的观点则表明重视后天学习。同时期的老子提出"不行而知"的观点，说"不出户，知天下"，否认感觉和行在认识中的作用。战国时期的墨子提出"闻之见之"，肯定感觉经验是认识的来源；并提出"非以其名也，以其取也"，主张以行测知。不过他所说的"行"也只是一种简单的选取活动。孟子继承和发展了孔子"生而知之"的先验论，提出"良知""良能"说，赋予"知"以人性论的含义，将"知"明确界定为天赋的道德知识和道德能力，使智德与智慧完全同一。荀子则继承和发展了孔子"学而知之"的经验论，强调人的一切知识都来源于感官对外物的接触，系统的知识来源于学习和经验的积累。他还把"行"引进认识论，对知行关系作了深入探讨。他说："不闻不若闻之，闻之不若见之，见之不若知之，知之不若行之。"荀子的知行观是先秦认识论的最高成就。

西汉董仲舒提出天意决定论，认为人的认识能力和认识内容都是天赋的，认识的目的就是知"天意"。东汉王充坚决反对先验论，在一定程度上看到了人的知识和技能来源于"日见日为"的亲身践履，并主张用"效验"来考察知识、言论的虚实和真伪。隋唐佛学的知行观在中国知行观的历史上占有特殊地位。华严宗偏重宗教义理，表现出重知轻行的倾向；天台宗主张止观兼习，定慧双修，表现出知行并重的倾向；禅宗提出"定慧等学"，表现出知行合一的倾向。隋唐佛学的知行观对宋明理学的知行观产生了深刻影响。

宋元明清时期出现了多种系统的知行理论，知行问题成为当哲学论争的一个重要侧面。宋代程朱学派首先提出知先行后。如程颐说："须是识在所行之先""知了方行得""人力行，显要知"，始终把知放在首要的地位。朱熹继承和完善了这种理论，提出学问不外乎致知、力行两件事。他经常知行并提，反对"只说践履，不务穷"。同时，他注意到了知行相须互发，互相依赖，互相促进的关系。他说："知行常相须，如目无足不行，足无目不行。论先后，知为先；论轻重，行为重。"朱熹明确提出了"论重，行为重"。陆九渊也主知先行后说，认为认识"不过切己反"，发明本心固有之善。王守仁则提出"知行合一"。反对将知行分作两件去做。因此，王阳明的"知行合一"就是"致良知"，就是以代行，合行于知，因而本质上同程朱一样，仍然是知先行后，重知轻行。

在反省理学、反思传统的基础上，王夫之建立了由行先知后、知行相资、行可兼知、知不可兼行等基本思想组成的比较完备的知行统一说。

首先，王夫之批评了陆王学说。他说：

> 若夫陆子静、杨慈湖、王伯安之为言也，吾知之矣。彼非谓知之可后也，其所谓知者非知，而行者非行也。知者非知，然而犹有其知也，亦惝然若有所见也。行者非行，则确乎其非行，而以其所知为行也。以知为行，则以不行为行，而人之伦、物之理，若或见之，不以身心尝试焉。

王夫之虽然批评陆王的"知行合一"说是"知者非知而行者非行"，然而肯定其"犹有其知"，对于人之伦、物之理"若或见之"，其失误仅在于以一念所动处即为行，表面上重视行，实际上是以不行为行。

其次，王夫之对程朱理学也作了批评。他说：

> 宋诸先儒欲折陆、杨"知行合一，知不先，行不后"之说。而曰："知

先行后"，立一划然之次序，以困学者于知见之中，且将荡然以失据，则已异于圣人之道矣。

王夫之认为《尚书·说命》中所说的"知之匪艰，行之惟艰"乃是千圣复起而不可移易的真理，学者当先其难而后其易；若先其易，后其难，说什么知先行后，"矜觉悟而遗下学，其不倒行逆施于修涂者鲜矣"。

最后，王夫之尖锐批评了佛教哲学中的知行观。他说：

> 浮屠之言曰："知有是事便休。"彼以倘然之知为息肩之地，而故诡其辞以疑天下，曰："吾行也，运水搬柴也，行住坐卧也，大用赅乎此矣。"是其销行以归知，终始于知，……本汲汲于先知以废行也。

佛教以"知"断事，所谓"知有是事便休"；以"悟"为行，所谓"运水搬柴也，行住坐卧也"即其大用；以参悟"先知"，即幻想的"涅槃"境界为目的。所以，佛教知行观的本质是"先知以废行"。

归结起来，王夫之揭示了程朱陆王佛老知行观本质上的一致。他说：

> 离行以为知，其卑者，则训诂之末流，无异于辞章之玩物而加陋焉；其高者，瞑目据梧，消心而绝物，得者或得，而失者遂叛道以流于恍惚之中。异学之贼道也，正在于此。而不但异学为然也，浮屠之参悟此耳。抑不但浮屠为然也，黄冠之炼已沐浴，求透底之光者亦此耳。皆先知后行，划然离行以为知者也。

"卑者"指程朱一派，"高者"指陆王一派，浮屠即佛教，黄冠指道教。他们的共同点是"划然离行以为知"，即否认行是主观见之于客观的根本途径，否认行在认识中的决定作用。

从王夫之对程朱陆王的以上批评中可以看出，他十分鲜明地持"行"重于"知"的主张。王夫之认为"知"源于"行"。他说："行而后知有道，道犹路也。"

又说："道昭著于人伦物理之间，岂难明者哉？……乃终无有发明其义，而使天下与知者，岂人之不欲明哉？我知其故在不能行之矣。"客观事物及其规律都是可以认识的，之所以暂时还不能认识，原因在于"不能行之"。以食物为例："饮之食之，而味乃知。"

王夫之指出，"知"必须"以行为功"。他以科学活动为例，指出："将为格物穷理之学，抑必勉勉孜孜，而后择之精、语之详，是知必以行为功也。"不仅科学的认识依赖于实践，就是弈棋等知识也是如此："格致有行者，如人学弈棋相似。但终日打谱，亦不能尽达杀活之机；亦必与人对弈，而后谱中谱外之理，皆有以悉喻其故。"

"行"是认识过程的主导方面，对"知"的产生、发展和验证都有其决定性的作用，"知而不行，犹无知也""行焉可以得知之效"。就是说，"行"体现出"知"的效果，并且检验"知"的真伪。

王夫之强调"行"，但并未否定"知"对于"行"的作用。王夫之的知行观，是在重"行"基础上的知行统一观，他阐释了"知行相资以为用""进并而有功"的道理，触及了认识与实践相互关系的辩证法和认识与实践互动的无限性思想。他肯定知与行各有功效，不容混同；同时，又指出，正因为知行相互区别，所以才相资互用。在人们具体的认识活动中，知和行不可截然分割，知中有行，行中有知，"知行终始不相离，……更不可分一事以为知而非行、行而非知。"做任何事都离不开"知"的指导，但都不是"先知完了方才去行"。

此外，王夫之还指出，知行相资不是暂时的，而是一个循环往复不断发展的过程。他认为二者既有"先后之序"，又能"互相为成"，并把知和行的"同功并进"描述为一个"由知而知所行，由行而行则知之"的循环往复、无穷发展的过程。所谓"由知而知所行"，指在知指导下的行；所谓"由行而行则知之"，指通过行由不知到知，由知之较浅到知之较深。

在对知行关系作了如此深入探讨的基础上，王夫之更进一步提出了"实践"的范畴。他说：

　　知之尽，则实践之而已实践之，乃心所素知。

以知知义，以义行知，存于心而推行于物，神化之事也。

仰事天，俯治物，臣以事君，子以事父，内以定好恶之贞淫，外以感民物之应违。

"事天""治物"，指人改造自然的实践；"事君""事父"，指个人的道德修为；"内以定好恶之贞淫，外以感民物之应违"，指社会政治、经济诸实践。这表明，王夫之所提出的"实践"和"存于心而推行于物"，当然包含了传统道德的践履，即所谓"行于君民亲友之间"的伦理活动；但是，应当看到，他更多涉及的却是改造自然和社会，以及人本身的自我完善活动，其中透露出来的关于人的自觉能动性的思想火花，格外夺目。

王夫之大胆的提出，不仅"君相可以造命"，而且"一介之士，莫不有造焉"。普通人也能掌握历史命运，治理社会。在"国家之治乱存亡"的问题上，"人有可竭之成能，故天之所死，犹将生之；天之所愚，犹将哲之；天之所无，犹将有之；天之所乱，犹将治之。裁之于天下，正之于己，虽乱而不与俱流。立之于己，施之于天下，则凶人戢其暴，诈人敛其奸，顽人砭其愚，即欲乱天下而天下犹不乱也。"充分发挥人的主观能动性，坚持人道正义，就可以起死回生、化愚为哲、变无为有、拨乱反正，创造人间奇迹。

这种富于进取精神的朴素实践观，是明清之际启蒙思潮中反映时代脉搏的最强音。以朴素实践观为终点的王夫之的认识辩证法，把我国朴素唯物主义认识论，推到时代所允许的最高峰！

第三章　王夫之经学思想

明末清初三大儒最具代表意义的学术成就，顾炎武在经学，黄宗羲在史学，王夫之在哲学。然而，王夫之的经学不能因此而黯然。王夫之曾题壁观生居："六经责我开生面，七尺从天乞活埋。"这是他一生致力经学的真实写照。王夫之一生著作凡百余种，流传至今的凡七十余种，其中经学著述在一半以上。如果将王夫之四十年学术生涯分为前后两个阶段，那么前二十年以研治经学为主，后二十年以研治哲学、史学、政治学为主。这就是说，王夫之全部学说以经学为基础。正是在遍治四书五经的基础上，凭借其深厚扎实的经学功底，王夫之成为明末清初学术流变中兼采汉宋、考据义理并重的开风气者。

王夫之与《诗》

《诗经》是我国最古老的一部诗歌总集。最初称《诗》，汉代儒者奉为经典，乃称《诗经》。据传，古代《诗》有三千多篇，经孔子删定为三百余篇，因此《诗》又别称为《三百篇》。《诗经》分风、雅、颂三大类，《风》包括十五《国风》，诗一百六十篇；《雅》包括《大雅》三十一篇，《小雅》七十四篇；《颂》包括《周颂》三十一篇，《商颂》五篇，《鲁颂》四篇。《诗经》大约为周初至春秋中叶这段时间的作品，产生于黄河流域及长江以北，即今陕西、河南、山东、湖北等地。主要是民间诗歌，相传是周王室派使所采，另有部分贵族统治者祭祀神灵祖先、赞美业绩的诗歌。

王夫之于《诗经》，著有《诗经稗疏》四卷、《诗经考异》一卷、《诗经叶韵辨》一卷、《诗广传》六卷。其著作的确切年月均不能详考，只能大略推断——成

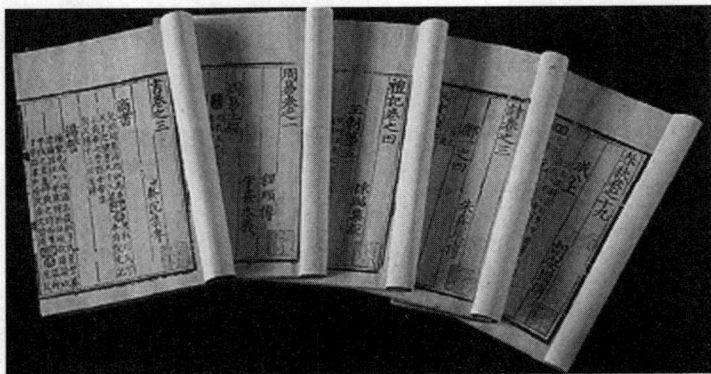

五经：《诗》《书》《礼》《易》《春秋》

于《尚书》诸著之后。因为《诗广传》说"性日定，心日生，命日受""此之谓命日受，性日生"，语气为援引《尚书引义》。至于《稗疏》之类，依夫之著述例先稗疏后传义推之，当成于《诗广传》之前。《稗疏》又更先于《考异》《叶韵辨》，因为《考异》屡有"说详《稗疏》"之类。

《诗》主情。王夫之《诗广传》，即承嗣此统而盛阐对情的见解，并借《诗》考察国风，宏论治情之道。

情为性之端。王夫之说："《易》曰：'观其所感，而天地万物之情可见也。'见情者，无匿情者也。是故情者，性之端也。"这是说，情是必然要表白的，因为形上之性与存在之物交感必然发显，发显即为情。因此，率性而为情，可知天地万物之情；逆性而匿情，则情不为其情，而为虚妄之情。

情以诚为贵。情之忌为匿，情之贵则为诚。君子相交，情以坦诚相见。坦诚相见，则肝胆相照，生死与共；诚者，实也，挚也，无间也。

情如其性，自然、分殊、不相袭。王夫之说：

> 万物相交，必以其气相致也，必以其情相摄也，必以其物相求也。……君子之酒不妄施，嘉宾之燕不妄受也。猗与！人道得万物之良，惟斯而已矣。

物以类聚，人以群分。君子之交非徒以其自然性情，还有仁义礼智之分际。孔子说："道不同，不相为谋。"以其自然之性，人道与天地同一，与万物无障；以其仁义礼智，人道得万物之良，而草木禽兽相分殊。这即是说，人当知性之自然，情之自然，也当知人性不同于草木禽兽之性，人情不同于草木禽兽之情，当以理智制约本能。因此，情当自然，也当自制。所谓"不相袭"，说的是情的表现形式的问题，即切忌在情感及其表现形式上模仿雷同、简单化一。

借《诗》观风，王夫之认为，国兴于情，也亡于情。

> 有《君子于役》之苦，则有《扬之水》之冤；有《扬之水》之冤，则有《兔爰》之怒。下叛而无心，上刑而无纪，流散不止，夫妇道苦，父母无恒，交谤以成乎衰周。情荡而无辑有如是。故周以情王，以情亡，情之不可恃久矣。是以君子莫慎乎治情。

王夫之认为，周之初，以礼乐节民之情，使宽余而得其正，于是有文武成康之治。然而，顺其流而趋，流荡而惝淫；丧其宽而进，宽尽而迫促，周遂因情而衰亡。以史为鉴，"君子莫慎乎治情"。然而，治国治情，王夫之坚决反对绝欲窒情。他说：

> 天之宠人，既宠之以性，抑宠之以情才，以为天下荣。悉可废哉！
> 姿容之盛，文词之美，皆禽与狄之所不得而与者也。故唯一善者，性也；可以为善者，情也；不任为不善者，才也；天性者，形色也。

情非可恶，而可以为善；情不足罪，而以为天下荣。因此，欲治离性之情，不可窒情以存性，而当率性以达情。王夫之说：

> 治不道之情，莫必其疾迁于道，能舒焉其机矣。……其能舒也，则其喜也平，其怒也理……；其不能舒而迫也，则其喜也盈，其怒也愤……。是故欲治不道之情者，莫若以舒也。舒者，所以沮其血之燥化，而俾气畅

其清微，以与神相邂逅者也。

"不道之情"，即离性之情；"舒焉其机"，即舒情之窒滞迫促，以复与性通流。与"舒"相辅相成，王夫之又提出"节"的概念。他说：

> 古之君子，食不极味，目不极色，耳不极声，居不极安，大阴之产不尽其用，六府之调不登其剽疾……所以弥养其舒也。

情之离性，因欲而致。因此，治情之道终在节欲。王夫之称之为"端本清源之治"。那么，何以节之？王夫之认为，文之法之。他说：

> 善学《关雎》者，唯《鹊巢》乎！学以其文而不以情也。故情为至，文次之，法为下。
> 君子之以节情者，文焉而已。文不足，而后有法。……文以节情，而终不倚于法也。

"文"，即诗礼之教化。王夫之主张先文后法，即先教化后刑罚；并认为，如果单纯教化即达到了目的，就无须依赖法了。这就是孔子的"无讼"。这说明，在德与法的关系上，王夫之尚未走出传统。但是，他重视道德教化、主体自省的合理内核，不应当因此而否定。至于"节"，也与程朱理学的"存天理，灭人欲"不能等同。因为王夫之所谓"节"，非压抑情之舒流，而是在"崇情""情为至"，充分肯定情的自然性、舒畅性、至上性的前提下治离性迫促之情，使之最终与道同一，与性同一。

王夫之与《书》

《尚书》原称《书》，到汉代改称《尚书》，意为上代之书。这是我国第一部上古历史文献和部分追述古代事迹著作的汇编，它保存了商周特别是西周初期的一些重要史料。《尚书》得名主要有三说：汉郑玄以为孔子所撰，因而尊称之；魏王肃以为是君主所言，史官所记，故名之；唐孔颖达、陆德明则认为是上古之书。一般说来，多从孔、陆之说。《尚书》是研究上古历史、政治、军事、思想的重要史料。

王夫之研究《尚书》的著作主要有：《尚书稗疏》四卷、《尚书考异》一卷，《尚书引义》六卷。《考异》已佚，今惟有《稗疏》《引义》二书。二书作于何时，今已不可确考，大约当在王夫之作《周易外传》之后，作《读四书大全说》之前。因为王夫之学说奠基于易，其于《书》经诸作，明显是对《外传》发明的进一步推阐；而且，《读书说》卷一明确说："虽于《周易》《尚书》传、义中说生初有天命，向后日皆有天命"，显然《尚书引义》在《外传》之后，《读书说》之前。至于《稗疏》《引义》二书，则《稗疏》在前，因为《引义》句下注常有"详见《稗疏》"之类。

《尚书引义》是王夫之继《周易外传》《老子衍》以后的又一重要哲学著作。在内容上，《尚书引义》不是注解经文，而是借《尚书》篇中的某句话来发挥其自己的哲学思想和政治理论。在体例上，篇与篇之间无甚关联，各自可以独立，且行文洒脱，不拘一格。在这部著作中，王夫之以"趋时更新"的思想，对天人关系、主体关系、知行关系、认识过程中感性认识与理性认识关系作了充分详尽论述，深刻揭露和批判了宋明理学乃至老庄、佛教的唯心唯识之论，对明代政治进行了哲学反思，将清代哲学推向了一个崭新的高度。

王夫之以"实有"赋予《尚书》精髓中道心与人心以全新的解释。他说：

凡为言而思以易天下者，皆以心为宗。从其末而起用者，治心也；从其本而立体者，见心也。见非所见，则治非所治矣。

人心者，人固有之。固有之，而人以为心，斯不得别之以非人，斯不得别之以非心也。……故天下之言心者，皆以人心为之宗。

浮屠之言曰："即心即佛。"又曰："非心非佛。"又曰："一切众生皆有佛性。"又曰："三界惟心。"亦人心之谓已。……而探其大宗，则一言蔽之曰：无。

儒之驳者亦曰："无善无恶心之体。"要亦此而已矣。

"儒之驳者"，指陆、王心学。王夫之显然针对的是明代心学与佛学及其对国家政治生活、社会民风的影响。那么，何谓危、微？何以危、微？王夫之认为，人心无实故惟危，道心实有故惟微。他说：

> 告子湍水之喻，其所谓性，人心之谓也。瀿洄而不定者，其静之危与！决而流者，其动之危与！湍而待决，决而流不可挽，初非有东西之成形。静而待动，动而尧桀之皆便，惟其无善无恶之足给，可尧可桀而近桀者恒多。譬之国然，可存可亡，而亡者恒多，斯以谓之危也。
>
> 人心统性，气质之性其都，而天命之性其原矣。……道心统性，天命之性其显，而气质之性其藏矣。显于天命，继之者善，惟聪明圣知达天德者知之。藏于气质，成之者性也，舍则失之者，无思耳矣。无思而失，达天德而始知，介然仅觉之小人，去其几希之庶民，所不得而见也，故曰微也。

人心以气质之性显，可动可静，可东可西，可善可恶，可存可亡，因此危在其中；道心以天命之性藏，须思而后得，无思则不得而见，故惟微。但是，王夫之没有停留在宋明理学的概念——"天命之性""气质之性"上。他要探讨更深刻更根本的因，这就是人心与道心的"虚无"与"实有"。他说：

> 人心之目，溢于万变；人心之纲，无有适一。要以藏者无实，而显者无恒也。
>
> 若夫人之道心也，则"继之者善"，继于一阴一阳者也。一阴一阳则实有柔刚健顺之质，柔刚健顺斯以为仁义礼智者也。……微虽微，而终古如斯，非瞥然乘机之有，一念缘起之无。

人心无实则虚，虚则无恒；道心实有则恒，恒则终古如斯。所谓"实有"，即质尽天地乾坤之大气，仁义礼智之大德，完美而无缺。

王夫之忧国忧民之心通过其学术呈现了出来。所谓人心与道心，所谓但见人心，不识道心，其根本目的是要揭显释、老、陆、王之学但求虚无、不致实有的理论本质，而且，更重要的是，明王朝，确切地说，华夏民族，就丧失在这些虚妄空谈之中。王夫之的《尚书引义》深深表达了他对亡国殃民之学的愤怒与谴责。且不论人心与道心的划分是否得当，人心是否惟危，道心是否惟微，也不论天命之性、气质之性、虚无、实有等概念的科学程度，以及王夫之民族观的传统程度，可以肯定的是：这就是王夫之强烈的务实精神及其对释、老、陆、王之学崇尚虚无的理论本质以及与之相联系的明代政治的抨击，是对传统文化与政治的深刻反省，符合明中叶以来资本主义萌芽的历史需要。

王夫之与《礼》

《仪礼》是记载古代礼仪制度的著作，简称《礼》，亦称《礼经》《士礼》，与《周礼》《礼记》合称"三礼"。相传旧有经礼三百，曲礼三千，经孔子定为十七篇。自汉至唐，儒家经典由《五经》而《九经》、而《十二经》；至宋代，以《孟子》入经，终定为《十三经》。今传《三礼》始于《九经》，其序为：《周礼》《仪礼》《礼记》。《周礼》是儒家经典，其成书在战国时期。原名《周官》，刘歆改名《周礼》，并沿袭后世。书之初出，仅存五篇，主要记叙各种职官的名称及其职掌，后补《考工记》一篇，主要记叙百工的名称、工作及所制器用。《礼记》一书的编订是西汉礼学家戴德和他的侄子戴圣。戴德选编的八十五篇本叫《大戴礼记》，在后来的流传过程中若断若续，到唐代只剩下了三十九篇。戴圣选编的四十九篇本叫《小戴礼记》，即我们今天见到的《礼记》。汉代最先立于学官的是《仪礼》，汉初立五经博士，其中的《礼》博士即《仪礼》博士；其次是《礼记》，立于宣帝时。《周礼》因属古文经学，西汉时受到排斥，直到东汉古文经学兴盛，才逐渐受到重视。唐代明经科已三礼并重，宋儒朱熹等推重《周礼》，后《十三经注疏》列

《周礼》为三礼之首。在内容上，《礼记》于《仪礼》多相发明，如《仪礼》有《士冠礼》《礼记》有《冠义》；《仪礼》有《士昏礼》《礼记》有《昏义》。故朱熹以为《仪礼》须与《礼记》参通，修为一书来看。

以务实、躬行论《礼》的精神，是王夫之礼学对传统礼学的重要突破。王夫之论《礼》不言宗法等级，专言务实躬行，集中体现了时代的批判精神和经世精神。他说：

> 《六经》之教，化民成俗之大，而归之于《礼》，以明其安上治民之功而必不可废。盖《易》《诗》《书》《乐》《春秋》皆著其理，而《礼》则实见于事，则《五经》者《礼》之经义，而《礼》者《五经》之法象也。故不通于《五经》之微言，不知《礼》之所自起；而非秉《礼》以为实，则虽达于性情之旨，审于治乱之故，而高者驰于玄虚，卑者趋于功利，此过不及者之所以鲜能知味而道不行也。
>
> 是以先儒莫不依礼以为躬行之密用，而论撰姑缓焉，非徒惘于礼经之阙佚而无以卒其业，亦以是为道之藏而不可轻也。

《六经》之它经都归之于理，唯有《礼》见之于事。因此，它经之理要见之于事，都依赖《礼》的躬行与实践。《礼记》四十九篇，除《大学》《中庸》外，王夫之颇重《礼运》《礼器》《学记》《乐记》《坊记》《表记》《经解》《玉藻》《缁衣》诸篇，而于《月令》《明堂》及《儒行》，则多斥其谬，这正是王夫之思想的具体贯彻。

在长期的历史发展中，礼作为中国封建社会的典章制度和道德规范，对于维护封建宗法等级制度和培养中华民族的民族素质，起了双重作用。但与此同时，随着社会的变革与发展，特别是在封建社会后期，它越来越成为束缚人们思想与行为、阻碍社会进步的消极力量。十七世纪，作为对中国传统文化具有较早反省意识与批判精神的思想家，作为对中华民族的新的时代精神较早进行探讨与领悟的哲人，王夫之的礼学在相当程度上摆脱了传统礼制与礼教的束缚，由封建纲常走向了人性自然。他说：

礼所自生，存中而发外，因用而成体。其用者天之德，其成而为体则效地之能，是本于天而动于地也。

"节"，喜怒哀乐自然之准也。万物之理切乎人用者，人心皆固有其则，以饬吾喜怒哀乐之用。苟昧其节，则好恶偏而不足以尽物理之当然矣。节之所著，则礼是已。

王夫之并不否认，礼的大用在节情。但他认为，礼"本于天而动于地"，节是"喜怒哀乐自然之准"。就是说，礼也好，节也罢，都是天道自然，人性自然，都应当"尽物理之当然"。

即人欲说礼是王夫之礼学的重要特征。首先，他充分肯定人的情与欲，因此而否定宋明理学的"性善情恶"。他说：

人情天道，从其原而言之，合一不间，而治人之情即以承天之道，固不得歧本末而二之矣。

天地之理，因人以显，而以发越天地五行之光辉，使其全体大用之无不著也。心凝为性，性动为情，情行于气味声色之间而好恶分焉。则人之情与天之道相承，终始而不二，其可知矣。

欲恶藏之于心而善恶隐，人情亦至变矣。乃先王齐之以礼，既不拂人之情，而于饮食男女之事，使各获其应得；其于死亡贫苦之故，又有以体恤而衿全之。至于非所欲而欲，非所恶而恶、则虽饰情以希求而终不可得，则变诈不售，而人皆显白其情以归于大同矣。此先王所以治人之情，不待刑罚而天下国家自正也。乃其节文等杀之不忒，一本诸天道之自然，故治人之情，而即以承天之道，其致一也。

由此可见，人情自然，人欲自然；人情有善有恶，人欲有善有恶；抑恶扬善，本于自然。在这里，王夫之明确提出治人之情，"不拂人之情"；饮食男女，"使各获其应得"；死亡贫苦，"以体恤而衿全之"；最终，人将"皆显白其情以归于大同"。王夫之对封建纲常礼教的否定，对宋明理学禁欲主义的否定，由此可见大宗。

不舍人欲以别言礼。王夫之说：

> 天理之节文，不舍人欲而别自为体。尽其宜，中其节，则理也。弗知
> 觉察而任之焉，则欲也。亦存乎心之敬肆而已矣。
>
> 《春秋传》曰："为礼必当其物与其所，而后可以言礼。"盖物与所各因
> 其心之所安，而苟不得，则虽有绸缪恻怛之心，而居之不宁，反为之消沮。

王夫之认为，"天理人欲同行异情，道心人心互藏交发"。因此，"欲"可宜，可节，而决不可灭。所谓"理"，就是尽欲之"宜"，节欲于"中"。换言之，礼的本质，就是即人欲以见天理。所谓"心之所安"，即情之所愿，欲之使然。王夫之礼学的人本主义、人道主义，于是也见端倪。

"礼"是躬行，是人性，更重要的是文化。基于深切的亡国之痛和亡种之忧，王夫之对礼的认识，比以往任何先贤都来得深沉，这就是，礼的存亡与民族文化的存亡、民族的存亡直接相连。《春秋》三传，旨在夷夏大防。王夫之更是屡屡痛言：夷狄之所以为夷狄，不以其种族之异，而以其文化不同，即礼的有无与存亡：他说：

> 人之所以异于禽兽，仁而已矣；中国之所以异于夷狄，仁而已矣；君
> 子之所以异于小人，仁而已矣。而禽狄之微明，小人之夜气，仁未尝不存
> 焉；唯其无礼也，故虽有存焉者而不能显，虽有显焉者而无所藏。故子曰：
> "复礼为仁。"大哉礼乎！天道之所藏而人道之所显也。
>
> 《记》之与《礼》相依以显天下之仁，其于人之所以为人，中国之所以
> 为中国，君子之所以为君子，盖将舍是而无以为立人之本，是《易》《诗》
> 《书》《春秋》之缊也。

如果说因崇尚务实与躬行而将《礼》经推崇备至，是王夫之对《史记》礼学思想的继承与发展；那么礼的现实意义高于仁，则是王夫之的独创。第一，在传

统学术中，仁为礼之体，礼为仁之用，所谓"克己复礼为仁"。但王夫之以礼的务实与躬行，对仁与礼的体用关系有了新的引申。这就是，从礼缘于仁而言，仁为礼之体，礼为仁之用；但是，从仁与礼的现实意义而言，仁的实现依赖礼的躬行，因此，礼为体，仁为用，礼高于仁。第二，在传统学术中，仁是人与禽、夷与夏、君子与小人相分别的根本依据。同样，王夫之以礼的务实与躬行，认为在现实性上，礼才是三者相别的终极根据。

以礼文化的有无与存亡、社会文明的发展程度来探讨民族、国家的兴衰与进退，王夫之为十七世纪的民族文化探求新的出路。尽管他所运用的仍然是传统文化的范畴，他所理解的礼仍然有浓厚的以伦理为本位的理论色彩以及华夏中心主义的狭隘性，但是，已经不同于以往以及同时代的许多学者，他所特有的遗民人格和强烈的遗民情结，令他的伦理学说的主要内涵已不是封建统秩序，而是华夏文明。

总之，王夫之礼学的基本特征具有鲜明的时代精神，与传统礼在内容上已有明显分歧。虽然其理论缺乏对封建礼制、封建礼教的直接批判，尚难等同于近代个性解放，但他反思传统、反省理学的批判精神和务实精神，对人性自然的充分理解，对封建纲常名教的不置可否，对民族复兴、社会发展的深切期盼，则无疑已呈近代思想萌芽之势。

王夫之与《易》

《易经》（"易"，音同"亦"）简称《易》，又称《周易》，是中国最古老的文献之一，相传为周文王所著，成书于周代，故而称呼《周易》。易是变化，经为方法（或说经典），即阐述变化的经书（易之经）。易经是一部严谨的哲学著作，并能在科学的范围内用作术数占卜。《说文解字》"易"下引有一秘书文："日月为易，象阴阳也。"意思是，《易》是说阴阳变化之理的。清段玉裁《说文解字注》说："秘书谓纬书。"东汉郑玄在《六艺论·易论》中作了进一步的发挥，认为"易"有"易简""变易""不易"三种含义；《易》以六十四卦、三百八十四爻包括宇宙间一切事物的变化，所以谓之"易简"；《易》之用于卜筮，全在爻的变化表征天地万物的变化，所以谓之"变易"；宇宙万物虽千变万化，其理一，其理万世不易，故又有"不易"之义。《周易》作为占筮书流行，不断有人对它进行解释和研究，其中包括孔子，到战国时期，便出现了《易传》七种十篇，称为"十翼"。后来《易传》被编入《易经》，就成为我们今天所见到的《周易》。《易经》的主要内容是"—"和"— —"两个符号组成的六十四卦、三百八十四爻，以及卦辞和爻辞。自孔子以后，历代思想家研究《周易》，不仅视为卜筮之书，更重要的是一部研究天人之际、宇宙万物生成变化的哲学著作，是中国古代哲学的源头活水，是珍贵的上古社会史料。

王夫之关于《周易》的研究性著述颇丰。《周易外传》七卷是王夫之的第一部易学著作，作于顺治十二年（1655 年）。此后，王夫之又著《周易稗疏》四卷、《周易考异》一卷、《周易大象解》一卷、《周易内传》六卷、《周易内传发例》一卷。其著作年代，大多比较确切：《周易稗疏》著于王夫之二十八岁时；《周易外传》著于三十七岁时；《大象解》著于五十八岁时；《内传》并《发例》著于六十七岁时。惟《考异》为推论：大约晚于《稗疏》，早于《外传》。

受明清之际反对虚理、崇尚务实思潮的影响，王夫之易学中的实有思想与清初务实学风有关。从哲理或思辨意义上说，他对实有思想研讨之湛深，创获之丰富，超拔于同时代人。一方面，《周易》关于宇宙变化的奥秘是王夫之观察、分析明末清初社会动荡与变革的理论凭据和精神执着；另一方面，明末清初的社会动荡与变革又加深了王夫之对《易》理的探索和个人理解。

《周易内传》是王夫之晚年的最后一部易学著作，概括了王夫之易学的基本特征，因此，王夫之治易的要旨在《周易内传发例》中得以体现：

> 大约以《乾》《坤》并建为宗；错综合一为象；象爻一致，四圣一揆为释；占学一理，得失吉凶一道为义；占义不占利，劝诫君子，不渎告小人为用；畏文、周、孔子之正训，辟京房、陈抟、日者、黄冠之图为防。

这是说，王夫之易学以乾坤并建、天人合一为宗旨。

乾坤并建是王夫之天道观的根本观点。他认为，天下万物，都有阳也有阴，乾坤为阴阳之至极和至尊，具有化生万物之至能。但是，天地乾坤并不因此而彼此孤立，而是相反相成，和合共生，这样，才有了统一的宇宙。王夫之认为"二仪交合以成""太极者，《乾》《坤》之合撰"。其中"二仪"指乾坤，"太极"指宇宙。

据天道以明人道，即人事以说易理，王夫之易学以人为本。他认为，天道与人道，最终归结为人道；天地人三才，人是天地心，是天地大用之所依。他说："天地之生，以人为始。故其吊灵而聚美，首物以克家，明聪睿哲，流动以人物之藏，而显天地之妙用，人实任之，人者天地之心也。"所谓"显天地之妙用"，指参天地之化育，人是认识世界和改造世界的主体。

以易理处忧患，王夫之易学的人文精神，与其强烈的忧患意识和历史责任感，紧密结合在一起。他说：

> 盖君子者，以扶天之清刚，肖物之害气，长人道而引于无穷。故奖善止恶，以凝正命。于彼于此，无所畛限。无穷之生，一念延之，而人类遂绝乎禽狄矣。而苟私善于己，散恶干众，则杀害日进，清刚日微，无穷之生，一人尼之，而人类亦渐以沦亡焉。

> 圣人者，亦人也，反本自立，而体天地之生，则全乎人矣。何事坠其已生，沦于未有，以求肖于所谓太虚也哉！

王夫之的忧患不是徒为一己之遭遇而哀怨自苦，而是民族、国家责任感的深沉流露；不是如浮屠老庄之徒坠入虚无，而是"扶天之清刚，肖物之害气，长人道而引于无穷"。因此，王夫之易学不求邀幸于吉凶祸福，而重修齐治平之得失。他说："君子之谋于《易》，非欲知吉凶而已，所以知忧，知惧，而知所择执也。"

"《易》为君子谋，不为小人谋。"王夫之易学，极严君子小人、异端之辨。在《乾》《坤》二德中，王夫之尤为重视恒动不息、清正刚严之《乾》德。以《乾》德主人事，即所谓君子。因此，君子主《乾》阳，不属《坤》阴之随顺。王夫之的这些观点，与他对明清政治的批判态度、对清朝政权的否定态度直接相关。他认为，处在明末清初这种阴盛已极之世，尤其需要君子之刚正。

天人合一是中国古典哲学的优秀思维传统，也是王夫之易学的内在逻辑。他充分肯定了中国古典哲学的人本主义，提出："夫天下之大用二，知、能是也。""夫人者，合知能而载之一心也。"意思是，天的作用为"知"，地的作用为"能"，人的作用为"合知能"；而人之所以能"合知能"，即参天地之化育，因为人的才智与聪明。因此，他归结说："'天人之合用'，人合天地之用。"

然而，王夫之并未将自己的理论停留于对天人合一的心学论证，他反思阳明心学所表现出来的偏离与极端，对人的主体精神及其客观制约，做了全面的深讨。他认为，在认识自然，改造自然的过程中，不仅要尊重人，依从人自身的发展规律，发挥人的主体能动性，而且要尊重天，尊重地，遵守天和地的自然秩序。只有这样，天地人整体合观，主体与客体同一，才能实现认识世界和改造世界的目的。

由于当时科学水平的限制，王夫之的易学思想缺乏科学的实证。但是，其考据之入微，认识之精到，思想之前瞻，充分体现了人的理性的智慧和力量。

王夫之与《春秋》

《春秋》是鲁国的编年史，为孔子所著，记载了从鲁隐公元年（公元前722年）到鲁哀公十四年（公元前481年）的历史，是中国现存最早的一部编年体史书。《春秋》最初原文仅18000多字，现存版本则只有16000多字。其语言上极为精练，遣词井然有序。因其文字过于简质，后人不易理解，因此诠释之作相继出现，对书中的记载进行解释和说明，称之为"传"。其中左丘明《春秋左氏传》，公羊高《春秋公羊传》，谷梁喜《春秋穀梁传》合称《春秋三传》列入儒家经典。公羊传和穀梁传成书于西汉初年，用当时通行的隶书所写，称为今文。左传有两种，一种出于孔子旧居的墙壁之中，使用秦朝以前的古代字体写的，称为古文；一种是从战国时期的荀卿流传下来的。公羊传和穀梁传与左传有很大的不同。公羊传和穀梁传讲"微言大义",希望试图阐述清楚孔子的本意,有人认为有些内容有牵强附会的嫌疑。左传以史实为主,补充了《春秋》中没有记录的大事,有人认为左传的史料价值大于公羊传和穀梁传。

王夫之于《春秋》,著有《春秋稗疏》二卷、《春秋家说》三卷、《春秋世论》五卷、《续春秋左氏传博议》二卷。除《稗疏》之作不详其年月之外,《家说》成于王夫之五十岁之年,《世论》成于五十岁以后,《续博议》成于五十一岁以后。

基于明亡的惨祸烈毒,王夫之在他的经学著作特别是关于《春秋》的著作中,对华夷之辨给予了极大关注。他斥孤秦陋宋,反对诸侯与夷狄会盟,批评春秋时期诸侯力争,弃绝仁义礼法,从中可以看出王夫之对满清入主中原的强烈不满及存续中华文化的良苦用心。

王夫之称《春秋》为"义海"。其春秋学可以用"义"之一字而纲举之。他说:

> 《春秋》,义海也。以义达之,而各有至焉。

> 夫《春秋》之为义海也大,大固不可以一例求也。以一例求,是尽海于一川之说也。

在中国古典哲学中,"义"相对"利"而言,有道德规范与是非法则两个方面的涵义。作为道德规范,《周易·乾·文言》说:"义者,宜也。""利者,义之和也。""利物足以和义。"《周易·需·说》:"需,须也,险在前也。刚健而不陷,其义不穷矣。"义与利和合统一,不可分离,无义则无利,无利亦无义。然而,在现实生活中,好利是人的本能,和义是人的理性。因此,义与利的现实关系对人的道德要求更多的是见利思义,义然后利,即"刚健而不陷"。作为是非法则,《周易·系辞下》说:理财正辞,禁民为非曰义。"所谓"禁民为非",针对"需,须也,险在前也",即物质利益需要是人的生存所必须,因而本能地潜伏着见利忘义、不义而利的危险。因此,对人的利欲本能的制约,仅靠"义"的非强制的道德约束是不够的,还须有是非法则的强制,以使人的求利活动不逾矩,社会经济生活有序进行。王夫之以"义"释《春秋》,称《春秋》为"义海",即以《春秋》作为评价一切事物的客观标准与法则,可说是对孔子著《春秋》的本质把握。如果说孔子著《春秋》是在诸侯争雄、社会大变革的时代，试图为社会统一、社会新秩序的建立建构一种新的理论形态，那么王夫之则是在明末清初社会大动荡的时代，实际上是中国封建制度开始走向末路的时代，以阐发《春秋》大义为他尚难以明确的社会发展提供历史借鉴和新的价值标准。他在《春秋世论·叙》中明确提出："不知《春秋》之义者，守经事而不知宜，遭变事而不知权。知其义，酌其理，纲之以天道，即之以人心，揣其所以失，达其所以异，正之以人禽之辨，防之以君臣之制，策之以补救之宜。世论者，非直一世之论也。"

秦《春秋》论天下，观秦汉以降之得失，王夫之认为，其大端在"废封建，置郡县"。也就是说，中国封建社会因此而兴，也因此而衰。他说：

> 问者曰："董生有言，'天不变，道亦不变。'谓道之不变，是也；谓世之不变，不得也。以世言变，世变，道不得执。率子之所论，以治秦汉以降之天下，可乎？"
>
> 答曰："奚为其不可也！后世之变，纷纭诡谲，莫循其故，以要言之，废封建，置郡县，其大端已。……天子以一人守天下，盗夷以猝起争天子，惟其所以殊治，封建之废尽之矣。

这是王夫之的根本政治见解，直指封建中央集权制度和君主专制制度。"废封建，置郡县"，是秦王朝创立封建中央集权制度的重要举措；"天子以一人守天下"，是秦汉以降君主专制制度的核心内容。王夫之在《春秋世论·叙》中提出问题，作为全书的开篇明义，其思想无疑已经非常明确。王夫之的政治思想即由此而建立。

王夫之于《春秋》，无时不论义理。然而，《春秋》三传大义，本在夷夏之防。怀着深切的亡国之痛和亡种之忧，夫之于此固然更是屡屡痛言。然而，夷夏之防不在人禽，不在种族，而在文化，即礼的有无与存亡。他说：

> 立人之道，仁智而已矣。仁显乎礼，智贞乎义。故夫禽兽者，仁智之介然或存者有矣，介然之仁弗能显诸礼，介然之智弗能贞诸义，斯以为禽心。夷狄之仁，视禽广大矣；夷狄之智，视禽通明矣，亦唯不义无礼，无

以愈于禽也，斯以为狄道。

仁智为人的与生俱来的道德与智慧，礼义则主要指社会典章制度、思想文化，以及人官文物，即社会文明的表现形态。王夫之认为，人人都有仁智，但社会不一定都有义礼，夷夏之分即由此而产生。因此，从本质上说，王夫之所谓夷夏，不以种族，而以社会文明程度为尺度。后来于《礼记章句》《黄书》《思问录》《读通鉴论》《宋论》诸书，王夫之又力张其说，其大端都肇启于此。

但王夫之又指出，夷与夏的区分不是一成不变的，夷可进为夏，夏也可夷。他说：

> 诸侯之僭，犹中国之盗也，所僭者犹礼也。荆吴徐越之僭，非直盗也，狄也，亡礼故也。礼亡，则杞莒虽不僭也，而亦狄也。
>
> 藉其知礼，而狄可进矣。故《春秋》有时进荆、吴，而僭王之罪且姑置之。

"僭"原义为越位，王夫之将其引申为"盗"，并将春秋时期的诸侯之僭，分为"僭王"与"僭礼"两类。对于《春秋》不罪"僭礼"，而罪"僭王"，王夫之理解为"藉其知礼，而狄可进矣""杞莒虽不僭也，而亦狄也"。即文明程度较低的民族如果向文明程度较高的民族学习，可跻身为"夏"；反之，则沦亡为"狄"。可见，王夫之的忧患意识、遗民情结，已不完全是狭隘的明清满汉概念，而是中华民族文化的兴亡、文明的进退。用现代学科分类来说，王夫之的"夷夏大防"，属于文化人类学的范畴。

当明清更替已成必然之势，改朝换代不以人的意志为转移，王夫之屏迹居幽所思考的已不再是反清复明的问题，而是更深层的文化救亡。这就是王夫之的拯救民族文化于危亡，为中华文化寻找新的出路的使命承当。

> 呜呼，礼亦重矣！礼之蔑也，祸成于狄，则欲救狄祸者，莫礼急也。功能驱狄，而道不足以弘礼，其驱之也必复。悲夫！此刘基、宋濂、陶安、

詹同所由功亏于管仲，而不足望周公之末尘也！

"呜呼，礼亦重矣！"王夫之对文明的进退比国家的嬗替看得更为严重。在他的政治思想中，民族高于国家。在他的文化观中，文化维系民族。这两个方面历史地逻辑地结合在他的礼学与春秋学中。中华文明遭践踏，遭辱蔑，其根本原因就是先进文化被落后文化所征服。因此，民族救亡，最根本的、最现实的是文化救亡。王夫之认为明王朝的灭亡，不是亡于"夷"，而是亡于自己的文化，他称之为"空疏误国"。因此，所谓"莫礼急"，就是文化救亡，就是要重新认识、重新定位、重新建构自己的民族文化。

回顾历史，中国社会的每一次变革，都无可避免地伴随着思想文化的大讨论；每一次思想文化的大讨论，都对中国社会历史进程产生了深刻的影响。由于历史的曲折，明末清初的思想文化大讨论最终由反对一个极端走向另一个极端，即由反对理学空疏走向经学考据。以王夫之为代表的文化救亡思想及其务实、主动、重行、思变的哲学学风，直至清末才走上历史前台，成为近代中国救亡运动的重要思想资源。

第四章　王夫之政治思想

王夫之的政治思想，肇因于对明王朝灭亡之教训的总结。明朝的灭亡，游牧民族的入主中原，极大地刺激了王夫之，由此他展开了对明朝之所以覆亡的历史原因的追寻。通过对三千年中国政治史的考察，他清楚地认识到，明朝的灭亡，是三千年专制政治演化的必然结果，是专制政治危机的一次总爆发。明朝的统治术集历代之大成，上可以追溯到周文王以私天下之心而废宰相，秦始皇之"恐强有力者旦夕崛起"，中可以追溯到隋文帝、隋炀帝"销天下之才智，毁天下之廉隅"，下可以追溯到宋太祖"杯酒释兵权"等等。这样，他对明王朝灭亡教训的总结不是停留在了对明代政治之得失的总结，而是对全部中国史上民族盛衰兴亡原因的总结，也使他对君主专制政治的批判不是停留在对"孤秦""陋宋"的批判，而是对三千年专制政体的批判。

批专制　倡民主

王夫之《尚书引义》卷五中的《立政周官》一文，是一篇极为深刻地从政治上总结明王朝覆灭的教训、揭露和抨击从周文王到明太祖的专制政治体制的力作。

王夫之指出，明太祖朱元璋效法儒家大圣人周文王强化专制极权，废宰相、设内阁、六部皆无实权，由皇帝"乾纲独断"，主宰一切。在周文王姬昌以前，夏商两代都有相，夏有相伯益，商有相伊尹，"盖周之不置相也，前乎此者无所因，而始之者文王也。"也就是说，只是从周文王起，中国才有了"取天下之经提携于一人"的绝对君权。周文王设"三公论道"，而"上不敢逼天子之威，下不能侵六官之掌，随乎时而素其位"，徒有虚名，而并无任何实权。这正如朱明王朝的内阁，内阁的大学士们实际上不过是皇帝的秘书班子而已。

王夫之认为，周文王这样做实在是失大于得。其所谓得，无非是削弱了大臣们的权力，使其没有能力篡夺王位而已，然而，其流祸却也无穷："而其失也，则王臣不尊而廉级不峻，政柄不一而操舍无权，六师无主而征伐不威，……乃使侯国分割，杀掠相仍者五百余年，以成唐、虞、夏、商未有之祸……"（《尚书引义》）周文王历来被正统儒家看作是不容评议的大圣人，是道统的传承者，而王夫之却如此非议文王，揭露其立制造成了"杀掠相仍者五百余年"的惨祸。除了黄宗羲以外，这立论的胆识在当时几乎是无人企及的。

然而，还不止此。批判周文王是为了批判"缘此而后世"代代相承的专制极权。王夫之感叹道：

> 缘此而后世之以勤劳开国者，恃其精明刚健之才，师《周官》而一天下之权归于人主，禁制猜防，上无与分功，而下得以避咎，延及数传，相承以靡，彼拱此揖，进异族而授之神器……
>
> 秦、汉以降，封建易而郡县壹，万方统于一人，利病定于一言，臣民之上达难矣。……欲无日偷日窳，以听封豕长蛇之吞噬也，其可得邪？

这种高度集权专制的情形，以明朝最为典型。皇帝什么人都不信任，只信任宦官，乃至让他们"操政府之荣辱"；与此相反，大臣们则没有实际权力。这种体制使得坏人可以放肆地做坏事，好人想做好事也做不成。在王夫之看来，专制统治者对臣民的禁制猜防，乃是导致明王朝灭亡、汉民族人民遭受异族侵凌的根本原因。以此治国，乃是既不仁、又不义的。

中国传统的君主官僚专制社会，号称实行"德治"，而实际情形却大都与此相反。真正的贤能者往往不是被杀就是被罢黜，而猥贱、凶顽的不肖者，确能被帝王引为心腹，身居高位。这种情形亦完全是由于"家天下"的君主专制制度所造成。王夫之在总结明王朝覆亡的教训时，对此有很深刻的认识。在《读通鉴论》卷七九中，他借评述隋朝史事，揭露了自隋文帝杨坚以来，专制帝王"欲销天下之才智，毁天下之廉隅，利百姓之怨大臣以偷固其位"的统治术。

王夫之认为，造成小人当道的直接原因是君主嫉贤妒能。君主地位至高至上，操生杀予夺之权，天下无人比他位高权重，为何还要嫉贤妒能呢？这看上去是如此不可思议，然而却是事实：

> 逆广之杀高颎、贺若弼也，畏其贤也；薛道衡、王胄、祖君彦一辞章吟咏之长耳，且或死或废，而无以自容，非以天子而求胜于一夫也，谓贤者之可轧己以夺己，而不肖者人望所不归，无如己何也。故虞世基、宇文述、裴矩、高德儒之猥贱，则委之腹心而不疑；乃至王世充之凶顽，亦任之以土地甲兵之重；无他，以其耽淫嗜利，为物之所甚贱，而无与戴之者也。

君主仇恨品格高尚的人和有才能的人，而重用阿谀奉承、吮痔舐痈、投机钻营、耽淫嗜利的猥贱之徒和凶顽之辈，所以真正有德有才的人在官场中就很难有容身之地，这就不能不逼人往邪路上走，以同流合污为保身之术和晋身之阶。但像隋炀帝杨广这样忌贤能而任不肖，难道只是历史上个别君主的行为吗？王夫之回答说，不是，这是专制制度的本性，是专制帝王的一种统治术。他说：

> 夫人君即昧于贤不肖之分，为小人之所扰乱，抑必伪为节制之容，饰以贞廉之迹，而后可以欺昏昏者以售其奸；未有以纵酒纳贿而推诚委之者，此岂徒逆广之迷乱哉？自隋文以来，欲销天下之才智，毁天下之廉隅，利百姓之怨大臣以偷固其位者，非一朝一夕之故矣。

专制制度的本性是要任用坏人，并且使好人也变成坏人，因此，既要维护专制制度，又要提倡道德人格，乃是绝对不相容的两回事。而正统儒家却硬要把这二者捏合在一起，于是就出现了王夫之所深刻揭露的上述两种情形：一是帝王既要引小人为腹心，重用小人，又必然要"伪为节制之容，饰以贞廉之迹"，以虚伪的道德言辞和装模作样的道德行为来欺骗不明真相的民众，借以掩盖其以小人治天下的真面目。而第二种方式，就是直截了当地杀戮和罢黜有才有德之人，越是有才智、越是德高望重、越能得到民众的拥戴者就越要杀，越是昏聩无知、行为卑污者就越是要提拔重用，使学而劣则仕、德而卑则仕，这样就便于君主驾驭他们，民众纵有怨恨，也只是怨官员而不怨皇帝，如此君王就可以"偷固其位"了。帝王统治术中有所谓"使功不如使过"之说，与以上所揭露的用有才有德的君子而不如用无才无德的小人，都是帝王"偷固其位"之阴险用心的表现。这也正是帝王之所以"欲销天下之才智，毁天下之廉隅"的真正原因之所在。

在王夫之的时代，已流行着这样一种观点，即专制极权可以强国，专制程度愈高则国力愈强，因而"以唐、虞为弱，而以家天下自私者为强"。王夫之的看法与此恰恰相反。他认为，专制制度是导致国家民族衰亡的根本原因，专制的程度越高，国力就越弱。

历代帝王为维护皇权的独占性，必然疑天下。周文王姬昌、汉高祖刘邦、晋武帝司马炎出于疑天下之心，而以为只有同姓可靠，故大封同姓以为藩卫；但东周以后有诸侯杀掠相仍五百年之祸，汉有七国之祸，晋有八王之乱，证明同姓也靠不住，于是复疑同姓。王夫之认为，无论帝王是疑同姓，还是疑天下，其结果都是一样的，都会导致乱亡之祸。皇帝享有那么多的特权，乃至"惟辟作威、惟辟作福、惟辟玉食"，又怎能不使人觊觎之心？连身在草野的刘邦、项羽之徒都会说"大丈夫当如是""彼可取而代也"，又何况那些身在帝王左右的宗亲、权臣呢？于是帝王之疑愈甚，虽有忠臣而不能用；奸诈之徒觊觎之志愈切，借帝王疑天下之心以谋杀忠良，为篡弑扫清道路。如此恶性循环，使得一部中国政治史几乎就是一部维护皇权者与觊觎皇权者而争、而斗、而使用阴谋权术、而兴兵动武的权术争斗史。

在总结明王朝灭亡的历史教训、全面揭露和批判三千年专制政治体制之弊病的基础上，王夫之突破正统儒家纲常名教至上的思维方式的束缚，提出了具有初步民主色彩的政治改革思想。

王夫之的哲学思想，"依人建极"。所谓"依人建极"，包括多重含义。但从社会政治思想的视角看，"依人建极"首先是指人的生存的权利，这种自然权利不依赖于"王者"，不以"改姓受命"为转移。然而，这自然自在地生存着的人们为什么要建立起国家、为什么要有"君长"呢？王夫之回答说，为了"自畛其类"：

> 人不自畛以绝物，则天维裂矣。华夏不自畛以绝夷，则地维裂矣。天
> 地制人以畛，人不能自畛以绝其党，则人维裂矣。

王夫之认为人类只是为了自身的生存和发展才建立起国家，以维护自身的具有一定文明的族类生活；对于华夏族来说，其立君的目的也只是为了"保其类""卫其群"，使其不为文明程度远比华夏落后的"夷狄"所侵扰和破坏。这一观点与西方近代自然法学派的学说有近似之处，所不同的是，由于以清代明所导致的民族压迫，王夫之所侧重的是人的族类生存的自然权利。

从人的族类生存的自然权利出发，王夫之突破了正统儒家把纲常名教、君臣大义看得高于一切的道德至上主义观念和绝对君权观念的束缚，鲜明地提出了"不以一时之君臣，废古今夷夏之通义""一姓之兴亡，私也，而生民之生死，公也"的命题，强调民族大义高于君臣之义，生民之生死高于一姓之兴亡，这就使以往被看作至高无上的君臣之义退居次要的地位，从而凸显了人的生命和族类生存的至上价值。他用新观点重新评说历史，发出了许多在正统儒家看来简直是大逆不道的惊世骇俗之论。

他总结了中国历史上的兴亡治乱之后，主张实行分权制衡，即以权力来制约权力。通过借鉴唐代设门下省以封驳皇帝诏敕的政治设置，王夫之提出了"君、相、谏官"三者"环相为治"的改革方案。

关于君主的职权。王夫之认为，"天子之职，论相而已矣。论定而后相之，既相而必任之，不能其官，而惟天子进退之，舍是而天子无以治天下。"（《宋论》）"论相"，即对宰相的人选加以考察；"相之"，即给选定的人以宰相的名位；"任之"，即赋予宰相以实际权力；"进退之"，也就是"退之"，即对不称职的宰相予以罢免。也就是说，君主有决定宰相任免之权力。鉴于明朝废宰相而由君主独揽一切权力的严重弊端，王夫之强调，君主必设宰相而后可以治天下，而一个称职的君主，必然为天下任命一位贤明的宰相。能否做到这一点，是君主是否称职的主要条件。

宰相执用人行政之大权，其权重而责亦重。宰相要对宗社安危负责，要对用

人贤奸与否负责，要对民众之生死负责。在他行使相权的时候，还要"弼正天子之愆"，即纠正君主的过失；同时，要根据自己能否真正对国家和人民负责，来考虑自己的出处去就。宰相的任免虽听之于君主，而宰相的权力亦构成了对君主权力的制约。有了宰相，就可以改变君主独揽一切权力、"乾纲独断"的绝对专制的局面。

谏官的设置，也是为了更为有效地制约君权。王夫之认为，谏官制约君权的职能主要表现在两个方面：一方面，在选择什么样的人为宰相的问题上制约君权；另一方面，在于协助宰相以纠正君主作出的错误决定。

君主任命什么样的人为宰相的问题至关重要。君主是人不是神，是人就具有人的一切弱点、缺点；且如果君权不受制约，君主是什么样的人，他就会选择什么样的人为宰相。因而，在这个问题上，设置谏官就极为重要了。

谏官的职责，除了在任用宰相的问题上防止君主以一己之私择人以外，还在于代宰相行使其不便行使的职能，即：对君主所犯的错误的诏敕予以封驳。王夫之认为，之所以必须由谏官来行使这样的职能，是因为宰相要对宗社安危、生民生死的全局负责，而不便在具体的问题上与君主发生争论；如果宰相而兼谏官，势必处于进退两难之境地。有鉴于此，王夫之才重提唐代设门下省以封驳君主诏敕的方式，主张唐代的谏官与宰相为僚属，听治于宰相，故谏官的职能在于纠正君主的过失，而不像宋仁宗以后，宰相毋得进用台官（谏官），使"宰执与台谏分为敌垒，而交战于朝廷"。而"政府谏垣不相下之势"，更是导致明朝灭亡的原因之一，所以王夫之强调谏官的职能在于制约君主而不在于牵制宰相。

这样，王夫之就设计了一个"宰相之用舍听之天子，谏官之予夺听之宰相，天子之得失则举而听之谏官，环相为治"（《宋论》）的权力制衡机制。他认为只有这样，才能使宰相之任用真正得人，君主之过失及时得到纠正，从而能切实做到对君权有所限制。

中国历史上的改朝换代，或通过暴力，或通过宫廷政变的方式，总不能避免流血和诛戮。即使在同一朝代的延续过程中，在老皇帝去世、新皇帝尚未登极之际，也不免人心惶惶，惟恐大乱将至、国将不国；倘新皇帝年幼，又不免出现权臣专擅或群臣纷争的局面。而在现代民主法治国家，不但政党轮替不会发生社会动乱，即使一年之内多次内阁更替，社会生活也依然有条不紊。其奥秘何在？四百年前的王夫之虽然不可能完全预见到现代民主法治国家的一整套政治运作的规则，但他却能够通过总结中国历史上兴亡治乱的教训，意识到国家长治久安的关键在于"预定奕世之规，置天子于有无之外"。这一观点与现代"虚君共和"的君主立宪制度的根本精神确乎是相通的。

王夫之是借晋明帝托孤之事来阐述他的这一政治见解的。他说，在老皇帝去世，而新皇帝尚且年幼的情况下，如果"有道在此"，是完全用不着立辅政之名、授大臣以独驭之权、以疑天下的。王夫之所讲的"有道在此"的"道"是什么呢？他回答说，如果国家有一套健全的法制，且治国方略不因皇位的递嬗而有所改变，那么，无论皇帝是长是幼，是智是愚，都无妨大局，更没有必要为年幼的皇帝设辅政大臣了。由此引申，王夫之进一步阐发了他的带有"托古改制"意味的改革主张。他说：

> 夫古之天子，未尝任独断也，虚静以慎守前王之法，虽聪明神武，若无有焉，此之谓无为而治。守典章以使百工各钦其职，非不为而固无为也。诚无为矣，则有天子而若无；有天子而若无，则无天子而若有；主虽幼，百尹皆赞治之人，而恶用标辅政之名以疑天下哉？

> 有圣主兴，虑后世不能必长君令嗣之承统也，豫定奕世之规，置天子于有无之外，以虚静而统天下，则不恃有贵戚旧臣以夹辅。既无窦、梁擅国之祸，而亦不如庾亮之避其名而启群争。不然，主幼而国无所受裁，虽欲无辅政者，不可得也。

所谓"有天子而若无"，实际上是说法律的权威大于君主的权威，大家都服从那至高无上的法律，君主也不能例外，于是，君主再也不能言出法随，再也不能以言代法，再也不能唯辟作威、惟辟作福，自然也就出现"有天子而若无"的局面了。而所谓"无天子而若有"，则又更进了一步，因为他想到了无天子的情形。只要有至高无上的法律，依法治国，即使没有皇帝、行政、司法以及整个社会生活依然可以正常运行。因此，在王夫之看来，国家长治久安的关键在于法治，有了法治，就既可以做到"有天子而若无"，避免绝对君权荼毒天下，也可以做到"无天子而若有"，即使没有君主亦能保持政令统一、社会稳定和民族的凝聚力。但是，这"有天子而若无"、能保国家长治久安的法律靠谁来制定呢？他的回答或者是靠"有圣主兴"来"预定奕世之规"，或者是"虚静以守前王之法"，就不免令人十分失望了。试看现代民主政治的起源，是靠哪一个"圣主"来"预定奕世之规"的呢？英国人将其"虚君共和"制的起源追溯到11世纪的"大宪章"运动，那是领主们与国王坐下来"分苹果"，制订法律以限制君权；而真正的现代民主政治则是靠公意推举出的各派政治力量的代表来制订法律，指望"圣王"乃是缘木求鱼。

然而，王夫之毕竟为"虚君共和"提出了一些富于探索性的思路。

王夫之与顾炎武、黄宗羲一样，都在认真地探索如何以权力制约权力、特别是如何对君权实行有效制约的问题。他们都看到了，权力导致腐败，绝对的权力导致绝对的腐败；看到了政治的优劣不完全在于执政者个人的人品，而在于制度，在于有没有切实有效的权力制衡机制。以往的儒者们都只是在如何维护道德礼教上用心思，似乎只要君主加强道德修养就可以只干好事而不干坏事，奸诈者乃以标榜道德为官禄之钓饵以及争权夺利之手段，迂腐者则往往因意气用事而自取其辱，成为专制强权的牺牲品；而王夫之则完全看透了这些琐屑的道德礼教之争的把戏于国无补，于事无济，且足以祸国殃民，因而特重制度之改革。虽然由于历史的局限，王夫之不可能提出完全现代意义上的政治民主方案，但"君、相、谏官"三者"环相为治"的改革方案的设计以及"虚君共和"治国思路的探索，成为了中国政治学说逐渐开始其近代化转型的一个显著标志。

批人治　倡法治

如上节所说，王夫之对"虚君共和"的向往，"使有君而若无"，实质上就是主张实行法治。因为所谓"虚君共和"，或曰君主立宪，其根本精神就是法律高于一切，任何人都必须在法律的范围内活动；专制主义或特权人治是与法治不相容的。除了对虚君共和的向往外，王夫之在论及法律的诸多方面都突破了特权人治传统的局限。

中国正统儒家的政治思想，历来主张以所谓"宽猛相济"的手段来治理民众。这一政治主张是孔子最先提出来的，语见《左传·昭公二十年》，孔子曰："政宽则民慢，慢则纠之以猛；猛则民残，残，则施之以宽。宽以济猛，猛以济宽，政是以和。"后世专制统治者以此为"不易之常道"。对此，王夫之提出了质疑和批评。他在引证了司马光转述孔子的话以后，指出：

> 是言也，出于左氏，疑非夫子之言也。夫严犹可也，未闻猛之可以无伤者。相时而为宽猛，则矫枉过正，行之不利而伤物者多矣。……若夫不易之常道，而岂若此哉！

他明确认为，所谓"民慢，则纠之以猛"之说，乃是"矫枉过正"，即走极端的手法，足以造成对民众的摧残，等到"残则施之以宽"时，"伤物者多矣"的恶果已经造成了。因此，所谓"宽以济猛，猛以济宽"之说其实还是把统治者的个人意志置于法律之上，是对法律的公然蔑视和践踏，是不可以为"不易之常道"的。

王夫之把原先针对同一对象（民众）的宽猛问题，转化为对什么人当宽、对什么人当严的问题，即对不同的对象所应采取的不同态度的问题。对此，王夫之鲜明地提出了宽以养民、严以治吏的政治主张。

> 严者，治吏之经也；宽者，养民之纬也；并行不悖，而非以时为进退者也。今欲矫衰世之宽，益之以猛，琐琐之姻亚，仳伅薮蔽之富人，且日假威以虐其贫弱，然而不激为盗贼也不能。犹且追咎之目，未尝束民以猛也。憔悴之余，摧折无几矣。故严以治吏，宽以养民，无择于时而并行焉，庶得之矣。

王夫之看到，在中国传统社会中，除了极少数大贤大德的人以外，官员中几乎没有不贪污的，只是程度不同而已。北魏规定"义赃一匹坐死"，法不可谓不严，而结果却是"日杀人而贪弥甚"。为什么会如此呢？王夫之说，这是因为官员们采取了"诡遁于法，而上下相蒙以幸免"之对策的缘故。

通过进一步的考察，王夫之终于看出了问题的关键所在。他发现，历代专制王朝并非不惩治贪污；然而，其惩治贪污，通常是针对下级官员的，对于高级官员的贪污，如果没有特殊的原因，则置之不问。王夫之认为，这是亡国之道，根本没有抓住惩贪的关键，亦是"法之不均"的表现。他说：

> 严下吏之贪，而不问上官，法益峻，贪益甚，政益乱，民益死，国乃以亡。群有司众矣，人望以廉，必不可得者也。中人可以自全，不肖有所惮而不敢，皆视上官而已。上官之虐取也，不即施于百姓，必假手下吏以为之渔猎，下吏因之以售其箕敛，然其所得于上奉之余者亦仅矣。而百姓之怨毒诅咒，乃至叩阍号诉者，唯知有下吏，而不知贼害之所自生。下吏既与上官为鹰犬，复代上官受缧绁，法之不均，情之不忍矣。

惩治贪污的下级官吏，固然可以平得老百姓的一时之愤，因为他们只知道这些下级官吏是直接对他们实行虐取的人，而不知道他们不过是那些贪婪的高级官员的鹰犬。他们虐取于百姓的财物，除了奉献给上司外，自己所得并不多。他们之遭到惩罚，在相当大的程度上是代高级官员受过，这正是法律面前不能人人平等的表现。对于那些贪暴的大官来说，除去了某些鹰犬，还可以有新的鹰犬来为他们敛财。高官既有不受法律制裁的特权，因而其贪污也就愈加肆无忌惮。

那么，惩治贪污的关键何在？王夫之认为，"唯严之于上官而已矣。严之于上官，而贪息于守令，下逮于簿尉胥吏，皆喙息而不敢逞。"因此，他主张，朝廷的"司宪者"（监察部门）应注重审查那为数不多的十数名"上官"是否有贪污的问题，而皇帝则应关注"司宪者"自身是否廉洁的问题，这一切都不难做到。昔日杨廷式查一个县令的贪污问题，逐级追查，一直追查到朝廷的某上官，王夫之对此十分赞赏，认为他"可谓知治本矣"。

由于中国传统社会实行的是专制主义的特权人治，立法的基本精神是为了防止人民"犯上作乱"以侵犯统治者的利益，所以有所谓"礼不下庶人，刑不上大夫"之说。王夫之则大胆的驳斥了"礼不下庶人，刑不上大夫"之说，且针锋相对地提出了"刑尤详于贵，礼必逮于下"的主张。他说：

> 记礼者曰："礼不下庶人，刑不上大夫。"是靳礼于上而专刑于下，不足以语王道矣。彼将见庶人之不足备礼，而大夫有议贵之科也，泥于一端，概以全节，斯恶知政本与礼意哉！王者之法，刑尤详于贵，礼必逮于下。大夫以下，刑有不足施，王者弗治焉。不治而欲弭其乱，则修礼以自严，而销天下之萌于训典。

他坚决反对历代专制统治者秉持的"礼不下庶人，刑不上大夫"的施政方针，认为这种说法是以礼待达官显贵，而专以刑来对付老百姓，因此，应该把"礼不下庶人，刑不上大夫"的说法颠倒过来，即："王者之法，刑尤详于贵，礼必逮于下。"也就是说，法律要更多地对达官显贵说不，而不是相反；至于礼，则应使之普及到下层民众之中去，让民众"自治"。他认为这才称得上是"王道"。

在中国古代社会，"贪"之外，"酷"也是社会的一大毒瘤，同时也是专制制度的一大支柱。这个"酷"指中国传统的专制法典的特点。"酷"与"贪"互相依存：官员要贪，故不能不酷；而凡是想减轻或免遭其荼毒者，不得不向官员及其下属行贿，因而有"贪"。对此，王夫之有很深刻的认识，他说："酷风衰止，贪亦无以济矣。"

王夫之针对明代法律对于问刑官故出、故入人罪一概而论的弊端，提出"故出（量刑时故意开脱或轻判）罚轻而故入（故意重判或故意陷人于罪）罚重"的主张：对于未受赃而量刑轻于罪的情形，应从轻处分；而对于故入人罪、量刑重于罪的情形，即使其未受赃，也应与受赃者同罪；对于故入人罪，致死人命的问刑官，更应加倍从重处罚，纵然不偿命，也应终身禁锢，绝对不可以再以任何名义让此类人担任公职。王夫之认为，只要这样做了，"则问刑之吏尚知所惩，而酷风衰止，贪亦无以济矣。"王夫之看到了专制时代冤狱遍于国中的悲惨状况，更看到了故入人罪的"酷"与受赃纳贿的"贪"二者之间的微妙关系。所以主张对故入人罪的问刑官从重处罚，并借此以收止酷、止贪之效。这一主张有助于减轻专制制度对人的生命的摧残，在一定程度上反映了民众要求改革司法制度、严惩草菅人命的酷吏贪官的愿望。

然而，与一般的贪官污吏不同，世上偏有那么一批"君子儒"，他们也许并不贪污，但其残酷却不亚于普通的酷吏，他们打着的是堂皇的道德旗号，但却在道德的旗号下干伤天害理之事。对此，王夫之也作了很深刻的揭露，他以一事为例：

淳熙七年（1180年），朱熹在南康军任知军，时南康正闹饥荒，发生了灾民到地主家抢夺粮米的事。朱熹捕获了三个所谓"强盗"，判处流放三千里以外的岭海。临发遣前，朱熹下令对他们"稍加毒手"。此三人遭受毒刑后，实在是惨不忍睹了。由于这是法外施刑，即使在当时也是犯法的，所以朱熹不得不写信给岭海牢城营的官员，自我辩解道："此辈吾人所共疾，想二公亦不以为过也。"也就是说，他之所以要对犯人施以毒手，是出于仇恨的情绪，而这种仇恨的情绪又有所谓道德的依据。这也正是王夫之所说的"圣人之道足以文邪慝而有余"的道理。

王夫之认为，这些宋儒们打着"使人履仁而戴义"的旗号，在道德的旗号下做伤天害理的事情，但他们所共同缺少的，就是那么一点"不忍人之心"。孟子讲人要有不忍人之心，甚至不忍看禽兽被杀时的情景，可朱熹却公然宣称："做大事岂可以小不忍为心！"朱熹是以"做大事"自命的人，这"大事"就是维护专制统治的现实需要。

此外，王夫之更对宋儒程颐、朱熹等人津津乐道并力主恢复的"肉刑"提出了义正辞严的谴责。

"肉刑"是正统儒家鼓吹的上古三代圣王的"德政"之一。上古三代有所谓"五刑"，除死刑外，其他四种都是伤残肢体的肉刑，如刺字、刖脚等。这些酷刑，如王夫之所说，"性命以残，支体以折，痛楚以剧"，然而，"五帝用之""三王因之"。到了春秋时代，更是滥刑遍于国中；战国时期，因遭刖脚之刑的人太多，至有"屦贱踊贵"之说。汉文帝（刘恒）十三年，齐太仓令淳于公有罪当刑，他的年仅十几岁的小女儿缇萦上书，愿没入官婢以赎父罪，文帝刘恒为之感动，而发布了废除肉刑的诏令。然而，正统儒家对于上古三代圣王的迷信泯灭了其不忍人之心，主张恢复肉刑者代不乏人，曹魏时的钟繇、陈群，宋儒程颐、张载、朱熹，都是主张恢复肉刑的人。

有人说，圣人之所以把肉刑称为"象刑"，是为了使其知耻，此乃"圣人以君子之道待天下也"。王夫之嘲讽说："虽然，致之君子者，其名也；残性命，折肢体，剧痛楚者，其实也。名奖而实伤之，帝王之民，虽荼毒而不怨……"。言下之意，是说天下有如此残忍的"君子之道"吗？王夫之直言肉刑之不合理、肉刑之反人道，他认为帝王之所以要以严刑峻法治天下，是他们本身心术不正。

王夫之之所以坚决反对恢复上古三代的"肉刑"，不仅在于其残忍，更在于他清醒地看到了，纵然是比古代肉刑更残忍的刑罚，都不可能起到制恶的作用，反而足以滋长世间的残忍之风。他说：

> 夫刑极于死而止矣，其不得不有死刑者，以止恶，以惩恶，不得已而用也。大恶者，不杀而不止，故杀之以绝其恶；大恶者，相袭而无所惩，故杀此以戒其余；先王之于此也，以生道杀人也，非其恶恶之甚而欲快其怒也。极于死而止矣，枭之、磔之、輠之，于死者又何恤焉，徒以逞其扼腕啮龈之忿而怖人已耳。……一怒之伸，惨至于斯，无裨于风化，而祗令腥闻上彻于天，……而后世之怒淫，不亦惨乎？

王夫之的这段话讲得十分有道理。以非人道的方式待人，非但不足以止恶，反而使受虐者产生对社会的更为仇恨的心理和报复的心理，使许许多多善良的人们受此残忍风气之熏染而逐渐泯灭其对于同类的恻隐之心，使残忍的风气更为盛行。

王夫之虽然还达不到近代建立法治国家那样的思想高度，但他批判传统的"刑不上大夫"的特权人治，痛斥"肉刑"，致同情于在专制主义的严刑峻法下"生而致之死"的广大民众，应该说这是一种极具人民性的思想，也似应看作是中国传统的政治法律思想悄然开始其近代化转型的一个重要表征。

第五章 王夫之经济思想

王夫之在天赋自然思想的基础上肯定民众的土地私有，反对王者将土地据为一己之有，提倡耕者有其田。他是一个继承传统以农为本的重农主义者，但主张以农为本的亦工亦商，在满足人们最基本的衣食住行的基础上发展手工业与商业。他的经济思想与传统的经济学说之间划出了一道比较明显的界限，从而初步具有了近代经济思想的特征。

经济自然运作论

论及经济运作，王夫之鲜明地提出了"上之谋之，不如其自谋"的命题，并对此作了颇有说服力的论说。他说：

> 人则未有不自谋其生者也，上之谋之，不如其自谋；上为谋之，且弛其自谋之心，而后生计愈蹙。故勿忧人之无以自给也。藉其终不可给，抑必将改图而求所以生，其依恋先畴而不舍，则固无自毙之理矣。上唯无以夺其治生之力，宽之于公，而天地之大、山泽之富，有余力以营之，而无不可以养人。

这一段论述极为深刻地揭示了行政权力干预社会经济运作只能使民众"生计愈蹙"的道理。其立论的依据就是"人则未有不自谋其生者"，肯定每一个人都有求生存的自然本能，都有追求私人利益的动机，都有自谋其生的能力。如果把这一切都强行纳入政府计划，由政府来为民众谋生计，就会使人们"弛其自谋之心"，且"夺其治生之力"，势必导致普遍贫穷、甚至连温饱都难以维持的状况。因此，王夫之坚决反对由政府制定统一的经济计划来支配人们的经济行为，主张让人们"自谋其生"，自由地发挥其"治生之力"，让每一个人都去追求他们的私人利益。这样，以"天地之大、山泽之富"，皆"宽之于公"，又何必"忧人之无以自给也"。历代专制统治者和正统儒家都以"养民"者自居，都说是他们养活了民众，是他们在致力于解决民众的吃饭问题，而王夫之则指出，正是他们的僭妄，他们的行为剥夺了人民的"治生之力"，压抑了人民的"自谋之心"，使人民生计愈困。这是经济理论上的一大翻案。

"上之谋之不如其自谋"，只是一个抽象的经济学原则，对此，王夫之还有许多具体的论述。他反复强调，社会经济生活自有其内在的自然规律，应该让这种自然规律充分发挥作用。随意对人民的生产活动和社会经济生活任意发号施令，只能给人民带来灾难。他在《读通鉴论》中写道：

> 若农，则无不志于得粟者矣。其窳者，既劝之而固不加勤；而劝之也，还以伤农。方其恪共于耕之日，士女营营，匪朝伊夕，从事于陇首，而吏拥车骑喧阗于中野以贰其心，则民伤；于是刻覈之吏，搜剔垦莱以增益其赋，苛求余丁以增益其役，而民愈伤。……胡为委贪廉不可信之有司以扰妇子于耕馌哉？

王夫之认为北魏诏守令劝课农事，完全是多此一举。守令奔走郡县名为劝农，实际上却是扰乱纷纭、使民无宁志，反而干扰了农业生产；与此同时，守令为了向朝廷显示自己劝农有功，又不免要"饰美增赋以邀赏"，如此，"天下之病尚忍言哉"！他说元朝的统治者课民种桑也是如此，其强令不宜种桑的土地也要种桑，后明朝的统治者也沿袭了此种弊政，致使"害极于四百余年而不息"。他认为无论是北魏的劝课农事，还是元明两代统治者的课民种桑，都是些"贼道而害及天下"的举措。他认为农民受其经济利益的驱动，自然知道把地种好，不需要统治者来督促；农民也知道什么土地适合种什么，不适宜种什么，不需要统治者来强迫命令瞎指挥。这就是农业生产中的"行之以自然"的"道"，也是社会经济生活中的

"道"；而以行政命令来干预经济生活，甚至用刑罚来惩治那些不服从其瞎指挥的民众，就是"贼道"，就会"害及天下"。

中国传统社会经济运作的一个重要特征，就是专制政府通过匠籍制度对手工业工人实施超经济强制的奴役，凡被列入匠籍者，就必须世世代代为官府服役。明中叶以后，虽然实行了"以银代差"的匠籍制度改革，但并没有废除匠籍制度，代役银依然是向世代具有匠籍的人征收。对于这种制度，王夫之作了尖锐的批评。他说匠籍制度使列名匠籍者世世代代都要为朝廷服役，即使匠户的子孙已不是工匠，却仍然要被迫服役或交纳代役银，"徒为无穷之累"；而真正从事手工业的人由于名不列于匠籍，反倒无须承担此项义务，此举十分不公平。当然问题不是把手工业者都列入匠籍，而是要彻底废除这一超经济强制的制度，以雇佣劳动制代替匠籍制。他说"朝廷所用工匠，自宜招募和雇"，而全国的工匠只须每人向政府交纳"岁役三日"的代役银，即可支付朝廷所雇工匠的工资和路费。他认为在雇佣劳动关系中，应该根据工匠的技术水平和工作之难易给以不同的工资待遇，并且彻底革除以往的匠籍制度中对工匠所实施的超经济奴役的积弊。此外，王夫之还认为政府须明确规定，受雇的工匠只要为朝廷工作一个月，其余的时间尽可以自谋其生，有充分的人身自由和经营自由。这样，就可以使原先官府与工匠之间的超经济强制的关系转变成为雇主与雇工之间的纯粹的经济关系，使中世纪义务转变而为近代式的为工资或金钱而出卖技艺或劳动力，从而使手工业劳动者从原先的"工奴"或"准工奴"的枷锁中解放出来。他的这一主张，同样反映了在经济生活中排除中世纪关系和其他非经济因素之干扰，使社会经济生活按其自然规律运行的时代要求。

中国传统社会经济运作的另一重要特征，是以行政权力干预市场物价。而王夫之认为，以行政权力来调节市场物价，只能作为凶荒之年救偏补弊的权宜之计，而不可作为通例；在正常情况下，行政权力干预远不如听任市场之自行调节。他说：

> 乃当其贵，不能使贱，上禁之弗贵，而积粟者闭籴，则愈腾其贵；当其贱，不能使贵，上禁之勿贱，而怀金者不售，则愈益其贱；故上之禁之，

不如其勿禁也。

王夫之看到了物价之贵贱取决于买方市场与卖方市场的互动关系，因为大家都想贱买贵卖，商家彼此间的竞争又总是受制约于买方市场，结果就使得物价总是趋于一个使买卖双方都能接受并由此受益的平均数。与此相反，以行政权力强制降低物价，则商家宁可使货物积压而不愿卖，商品流通减少则贵者愈贵；以行政权力强制提高物价，则消费者望而却步，导致商品多得卖不出去而贱者愈贱。因此，只有让市场自行调节，方能使物价常趋于平而避免出现贵者愈贵、贱者愈贱的局面。

行政权力不正当地介入社会经济生活，还表现在官商勾结垄断市场物价上。譬如食盐，由官办盐业生产，然后批发给商人销售。于是奸商便和官府勾结起来"以限地界""地界限，则奸商可以惟意低昂，居盈待乏，而过索于民"。人民苦于盐贵，就从外地购进食盐，"官抑受商之饵，为之禁制"，这就造成了官商勾结共同垄断物价的局面。为了打破这种垄断，王夫之主张打破地界限制，让商人自由贸易，自行定价，官府不得干预。至于价格的高低，自有市场这只"看不见的手"在起作用。只要是自由的竞争，没有官商勾结垄断价格，物价自然会低廉，百姓亦可免受物价腾涌之苦。当然，对于商人来说，商品贸易的自由竞争中肯定有盈利者，有亏损者，有成功者，有失败者，王夫之认为，这是正常现象，自由竞争本来就是要较量智力的捷钝："相所缺而趋之，捷者获焉，钝者自咎其拙，莫能怨也。"这里所表达的自由竞争的经济思想，几乎完全与近代的市场经济理论同调！

当然，王夫之也不是绝对拒绝经济生活中的任何政府行为。丰年谷贱伤农、荒年奸商坑民，就是一个需要政府采取"权宜之法"来予以调节的问题。采取什么样的"权宜之法"呢？他说：贱则官籴买之，而贵官粜卖之，此"常平"之法也。然而，他仍然强调，常平之法"犹未尽也"。为什么呢？他认为，作为权宜之计，常平之法固然"可以救偏"，但政府行为的根本却不在于直接干预物价，而在于不管丰年荒年，都要采取促进商品流通的措施：

官籴官买，何必凶年而粜卖乎？以饷兵而供国用，蠲民本色之征，而折金钱以抵谷帛之赋，则富室自开廪发笥以敛金钱，而价自平矣。

明朝万历年间，张居正任首辅，大力推行嘉靖以来开始在局部地区试行的"一条鞭法"，从而在全国的大部分区域实现了从实物赋税和劳役赋税向货币赋税的转变，这是明王朝实行的有限的改革开放政策的重要组成部分，也是明王朝为促进市场经济发展而采取的有利于商品流通的一个重要措施。王夫之虽然对"一条鞭"法的"摊丁入亩"政策表示不满，但从以上论述看，王夫之对实行从实物赋税向货币赋税转变的政策是赞成的。

王夫之之所以认为"常平之法"仍然是一种权宜之计，还在于他清楚地认识到，试图通过行政权力来"齐一天下"的经济生活，纵然主观上认为是"利民"的良法美意，其实行的结果却往往事与愿违。譬如汉宣帝时耿寿昌提出的"常平"之法，诚然是一种"利民之善术"，但也必须"因其地，酌其民之情"才能实行，"而非天子所可以齐一天下者也"。而最好的办法，无过于让"民自得节宣，不必上之计之"。他说：

> 三代封建之天下，诸侯各有其国，其地狭，其民寡，其事简，则欲行"常平"之法也易。然而未尝行者，以生生之计，宽民于有余，民自得节宣焉，不必上之计之也。上计之而民视以为法；视以为法，则惮而不乐于行，而黠者又因缘假借以售其奸。故三代之制，裕民而使自为计耳。虽提封万井之国，亦不能总计数十年之丰歉而早为之制也。郡县之天下，财赋广，而五方之民情各异，其能以一切之治为治乎？

王夫之在这段论述中重申了"上之谋之而不如其自谋"的经济学原理。理由是人的认识能力总是有限的，统治者纵然头脑再聪明，也"不能总计数十年之丰歉而早为之制"，而事实上也根本不存在无所不知、无所不能的"圣人"，因此，让人民"自为之计"，远胜于统治者为之谋划。在上古三代"小国寡民"的封建制社会中，由政府直接干预经济运作诚然行不通；至于秦汉以后的郡县制社会，国家大，财赋广，各地经济发展不平衡且民情各异，又岂能把民众的经济行为统统纳入国家计划之中呢？以强制性的行政法令直接干预人民的经济生活，"以一切之治为治"，善良的民众会消极抵制（"惮而不乐于行"），而奸狡欺诈者则会利用政策的漏洞"因缘假借以售其奸"，其结果不是利民，而是害民。因此，正确的政策应该是"裕民而使自为计"，尽量避免行政权力对社会经济生活的不正当介入。

总之，在王夫之看来，政府愈无为，市场就愈有为；政府干预愈少，市场也就愈繁荣。这是老庄道家随顺自然的"无为"思想在新的历史条件下的发展和在社会经济生活中的运用，同时又与17世纪英国古典政治经济学家亚当·斯密关于自由竞争的资本主义市场经济理论在基本立论上具有一致性，是王夫之经济思想中值得珍视、具有现代性的理论资源。

促进商业发展论

王夫之的经济思想所具有的"新的突破旧的"的近代性质，还表现在他具有保护和促进商品经济之发展的思想：他认为商品经济乃"立国之资"，提出了"大贾富民，国之司命"的观点；反对专制主义的超经济掠夺对商品经济的摧残，提出了"惩墨吏，纾富民"的主张；批判专制统治者的闭关"自困之术"和利用关卡"暴虐商旅"的行为，主张打破地区间的贸易壁垒，保护商民利益和促进商品流通；反对传统的积聚财富"置于无用之窖藏"、以贪吝为"节俭"的观念，提出了与"奢能致富"的近代经济学说近于一致的思想，主张鼓励和刺激消费，以促进市场的繁荣和"裕国富民"之政策的实施。

纵观晚明商品经济蓬勃发展的形势，王夫之敏锐地意识到中国社会行将进入一个"大贾富民，国之司命"的时代；同时，目睹专制政权对商品经济发展的摧抑，王夫之又鲜明地提出了"惩墨吏、纾富民"，以保护商品经济发展的主张。他说：

> 天地之奥区，田蚕所宜，流肥潴聚，江海陆会所凑。河北之滑、濬，

山东之青、济，晋之平阳，秦之泾阳、三原，河南大梁、陈、睢、太康东傅于颍，江北淮、扬、通、泰，江南三吴滨海之区，歙、休良贾移于衣冠，福、广番舶之居僦，蜀都盐、锦，建昌番布，丽江牦牦金碧所自产，邕、管、客、贵稻畜滞积，其他千户之邑，极于瘠薄，亦莫不有素封巨族冠其乡焉。此盖以流金粟，通贫弱之有无，田夫畦叟盐鲑布褐、伏腊酒浆所自给也。卒有旱涝，长吏请蠲赈，卒不得报，稍需日月，道殣相望。而怀百钱，挟空券，要豪右之门，则晨户叩而夕炊举矣。故大贾富民，国之司命也。

　　王夫之看到，商品经济的发展带动了城市化的进程，使原先作为地方行政中心和带有相当大程度的封闭性的消费城市逐渐变为"江海陆会所凑"的开放性的商品贸易城市；王夫之亦突破了传统的"四民"之区分、以士为最尊、以商为最卑、二者界限不可逾越的传统偏见，肯定了"歙、休良贾移于衣冠"、商人亦在争取其政治地位的事实；王夫之更看到了不仅国内贸易在蓬勃发展，而且对外贸易也在发展的事实，讲到了"福、广番舶之居僦"，把它看作是经济发展的组成部分。在王夫之看来，商品经济发展和大贾富民之存在的最基本的社会功能就在于"流金粟，通贫弱之有无"，以满足人们的日常生活需要。他看到，在中国这样地域广阔、人口众多的国土上，要由政府统一规划社会经济生活很难做到，但凭借地区间互通有无的商品经济和组织、从事商品流通的大贾富民的存在，则可以解决政府所不能解决的问题。他以赈灾为例，说饥民若要等地方官上报朝廷请求赈济，则不知会饿死多少人；但如果有大贾富民在，则"晨户叩而夕炊举矣"。所以他说"故大贾富民者，国之司命也"。也就是说，民众的生计、国家的经济命脉，都系于那些组织和从事商品流通的大贾富民。可以说，在这一点上，王夫之敏锐地看到了近代经济的发展趋势。

　　为适应商品经济发展的要求，王夫之主张打破地区之间经济贸易的壁垒，撤销阻碍商品自由流通的关卡。他在《四书训义》中写道：

　　　　夫四海之内，有分土而无分民，商旅行焉，以通天下之货贿，可无用关也。而古之为关者，以非常之变，恐为行者之害，而讥察之以使无变，所以止暴而安商也；乃今之为关也，则暴君敛之，污吏侵之，奸民因起而刻削之，刑罚日加，争夺甚矣，暴虐商旅而已矣。

所谓"有分土而无分民"，是指行政区域的划分不应成为限制商旅自由贸易的障碍。商人来往于不同地区之间，可以"通天下之货贿"，没有必要在国内各行政区域之间设立关卡。他说古代在山川险要之处设关，是为了防止盗匪路霸劫掠行商的货物钱财，保护商人的安全，即所谓"止暴而安商"；而如今的情形，却是暴君借关卡以横征暴敛，贪官污吏借关卡对商民巧取豪夺，盗匪路霸借关卡险隘处对商民敲诈勒索。关卡之设立遂成为社会一切恶势力共同来"暴虐商旅"的一大弊政，严重侵害了人民理应享有的生命权、财产权和经济生活的自由权利，破坏了商品经济的发展，所以王夫之坚决主张革除这一专制弊政，鲜明地提出了"可无用关"、纵然设关亦当以"止暴而安商"为目的之主张。

王夫之对食盐流通领域特别重视，反复申说打破地界之限制，实行"利便一听之民"的自由贸易的必要性。他说：

> 行盐之有地界，商人之奸利，而有国者听之。同此天下之人，食此天下之盐，何畛域乎！通行，则商人不得持有无以增一时腾涌之价。若地分，则舟车之浩繁，自然不行，其可行者自然各有所底止。唯偶然一方缺乏，则他方济之，究竟商人可以通融得利而无所大损，但不能操低昂以抑勒细民而已。无地界，则盐价恒平，商人之利亦有恒，而狡者愿者不至赀获之悬绝。……天下一家，随在可以挪给，岂必在粤输粤而割裂以为之限乎！利便一听之民，而上但取其固然之利于所出之地，何至殉商人之奸以困编氓，而召私盐挟仗行凶之祸！诚欲惠商，支放以时而无坐待寄引之苦，则已足矣。

地区之间的贸易壁垒，不但使各地区之间不能互通有无，而且使商人中的"狡者"可以借此以肆意抬高物价、牟取暴利、侵害人民利益。尤其是像食盐这样的生活必需品就更是如此。正常的流通渠道既被禁堵，遂又导致"私盐挟仗行凶之祸"。由于禁止地区间的食盐贸易，不仅盐商中的"狡者"可以因此获致暴利而富甲天下，统治者亦通过这种带有垄断性的贸易来获取经济利益，真正受害的是普通百姓。统治者却说这是"惠商"，真的是惠商吗？其实"惠"的是他们自身和盐商中的"狡者"，是统治者和盐商中的"狡者"互相勾结利用来共同侵渔百姓。王夫之认为，只有打破这种贸易壁垒，才能避免以上各种危害，使盐价恒平而商人之利亦有恒，使商人中的"狡者"（狡猾的商人）和"愿者"（老实的商人）不至获利悬绝，亦使得普通百姓免遭盐价腾涌之苦。放开食盐贸易，"利便一听之民"而"支放以时"，使各地区之间能够及时地互通有无，方能做到"官有煮海之饶，民获流通之利"。王夫之认为，这样做才是真正的"惠商"，使受惠的不只是商人中的"狡者""愿者"也能因贸易的放开和盐价恒平而受惠。

王夫之还批判了禁止"国"与"国"之间商品流通的闭关自守政策。他说：

据地以拒敌，画疆以自守，闭米粟丝枲布帛盐茶于境不令外鬻者，自困之术也，而抑有害机伏焉。夫可以出市于人者，必其余于己者也。此之有余，则彼固有所不足矣；而彼抑有其有余，又此之所不足也。天下交相灌输而后生人之用全，立国之备裕。金钱者，尤百货之母，国之贫富所司也。物滞于内。则金钱拒于外，国用不赡，而耕桑织纴采山煮海之成劳，委积于无用，民日以贫；民贫而赋税不给，盗贼内起，虽有有余者，不适于用，其困也必也。

这段话虽然是就中国处于分裂割据状态时期"国"与"国"之间的经济关系而发表的议论，但在明清之际海路大通、徽商和东南沿海人民为反抗专制统治者的海禁政策而斗争的历史条件下讲这番话，却具有新的针对性。其中所提出的一些论点，如批评闭关自守乃是隐伏着严重危机的"自困之术"，认为只有发展"天下交相灌输"的自由贸易才能满足人民的物质生活需要和立国所必需的物质储备，就是具有普遍意义的近代经济学观点；又如他认为"金钱者，尤百货之母，国之贫富所司也"，更反映了随着商品经济的发展，货币作为一般等价物已成为社会经济生活中不可缺少的媒介。

王夫之认为闭关自守有百害而无一利。事实上"国"与"国"之间的商品贸易是禁绝不了的，以严刑峻法惩治"皇皇求利之民"，反而使本国的人民成为敌国结纳的对象，奸民们甚至充当敌国的间谍，从而给国家带来巨大的危害。他说：

> 禁之者，法之可及者也；不可禁者，法之所不可及者也。禁之于关渡之间，则其售之也愈利，皇皇求利之民，四出而趋荒险之径以私相贸，虽日杀人而固不可止。强豪贵要，于此府利焉，则环吾之封域，无非敌人来往之冲，举吾之人民，无非敌人结纳之党，阑入已成乎熟径，奸民外告以腹心，间谍交午于国中而莫之能御，夫且曰吾禁之已严，可无虑也。不亦愚哉！

这段话虽然仍是就历史上国内分裂割据状态时的"国"与"国"关系立论，但很明显是针对明王朝的海禁政策讲的。明王朝开国以后，一直遵循"片板不许下海"的"明祖定制"。但随着国内资本主义萌芽的生长，徽商和东南沿海的人民为向海外发展，不断与明王朝的海禁政策作斗争。嘉靖、隆庆年间的所谓"倭寇之乱"，实际上就是徽商和东南沿海的人民以武力迫使明王朝开放海禁的大规模军事行动，因其中有极少数日本浪人参与其事，故明朝称之为"倭寇"，但其首领皆为中国商人。王夫之说"强豪贵要，于此府利焉"，且为之掩护，正是当时被称为"中国衣冠之盗"的滨海势要之家的写照。但王夫之说闭关政策"举吾之人民无非敌人结纳之党"，则是一种误解。明王朝对"倭寇"实行镇压，但实际情况又正如王夫之所说的"虽日杀人而不可止"，最后终于迫使明王朝于万历初年宣布开放东西洋海禁。万历末年为防止荷兰人入侵又一度实行海禁，但在以李旦、郑芝龙为首的武装海盗集团的抗争下，又不得不于天启四年（1624年）重新开放海禁，由此而出现了中国商人在与西方殖民者争夺西太平洋贸易制海权的斗争中占有明显优势的状况，亦出现了王夫之所说的"福（建）、广（东）番舶之居偢"的状况。

王夫之认为闭关锁国政策是一种有害的和愚蠢的政策，所以他力主变"闭关"为"通市"，允许民间开展正常的对外贸易活动，以利国惠民。他说：

夫唯通市以无所隐，而视敌国之民犹吾民也，敌国之财皆吾财也，既得其欢心，抑济吾之匮乏，金钱内集，民给而赋税以充，耕者劝耕，织者勤织，山海薮泽之产，皆金粟也，本固邦宁，洞然以虚实示人，而奸宄之径亦塞。利于国，惠于民，择术之智，仁亦存焉，善谋国者，何惮而不为也？

他把实行经济上的对外开放政策提到"仁"与"智"的高度来认识，认为"择术之智，仁亦存焉"，主张以"视敌国之民犹吾民"的仁者胸襟，以视"敌国之财皆吾财"的气魄和智慧，来发展平等互利的对外经济贸易活动。这在当时是十分开明而进步的议论。

王夫之经济思想中的近代因素，还表现在他对中国传统的富裕观念和消费观念的突破方面，表现在他提出了有利于促进和扩大社会再生产的新富裕观和消费观。

中国传统社会从朝廷到民间，从王侯将相到庶民百姓，皆以多积金银为富。王夫之则认为，富不在金银，而在于生活必需品之生产和交换的扩大。他说："五谷、丝苎、材木、鱼盐、蔬果之可为利，以利于人之生而贵之也。金玉珠宝之仅见而受美于天也，故先王取之以权万物之聚散。"（《读通鉴论》）也就是说，真正能给人们带来利益而为国计民生之攸关的是日常生活必需的物质产品，而金银珠宝不过是商品交换中作为一般等价物而用以估量商品价值的媒介。王夫之还认为，以银作为商品交换中的一般等价物，不过是一时之制；而银本身，既不如铜铁可作器械之用，又不如粟帛为生计之须臾不可无，实在无足贵；倘若天下之人唯银是求，以银多为富，却不关心物质生活资料的生产，那么，就足以产生银愈多而天下愈贫的后果。因此，富国之根本不在金银之开采和积聚，而在于大力发展为生活和生产所必需的物质资料的生产。这一观点，与亚当·斯密在《国富论》中所阐述的近代经济学观点亦是基本一致的。

"均天下"论

明末政治腐败，农民破产，压迫剥削日益加重，民不聊生。张献忠、李自成等先后起义，起义浪潮迅速席卷全国。崇祯十七年（1644年），李自成攻占西安，建立大顺政权。同年三月，占北京，崇祯皇帝在景山自缢身亡，明朝至此灭亡。之后清兵入关，打败李自成的大顺政权，进入北京，建立了大清帝国。明王朝首先亡于农民起义，其次才是亡于趁火打劫的满清。农民起义的根源是贫富两极的严重分化和统治者的横征暴敛。这一严酷的事实促使王夫之思考中国的农民问题，特别是关系农民生计的贫富两极分化、土地兼并和负担过重的问题。在深入思考的基础上，王夫之提出了"均天下"的经济社会理想。但这种"均天下"的理想，绝非是传统的"五十年至一百年相杀一次以均财产"的所谓"均天下"，而是试图跳出这种周期性的怪圈，兼顾效率与公平，实现某种动态的平衡，使贫富不致过于悬殊，从而既可避免社会动乱，又能促进社会经济发展的一种改革方案。

"均天下"的理想或改革方案的逻辑前提是"两间之气常均"的自然法。对于自然界来说，"均"是常态，"不均"是反常的变态，自然界失去了均衡，就会发生灾害。同样的道理也适用于人类社会，违背了"两间之气常均"的自然法，社会分配严重不均衡，就会发生"一夫揭竿而天下响应"的大变局。对此，王夫之作了既生动、且深刻的阐述。他说：

两间之气常均，均故无不盈也。风者，呼吸者也。呼以入，则内之盈者损矣；吸以入，则外之盈损矣。风聚而大，尤聚而大于隧。聚者有余，有余者不均也。……至于大聚，奚但不均哉！所聚者盈溢，而所损者空矣。

空而俟其复生，则未生方生之顷，有腐空焉，故山下有风为蛊，腐空之所酿也。土满而荒，人满而馁，枵虚而怨，得方生之气而摇。是以一夫揭竿而天下响应，贪人败类聚敛以败国而国为腐，蛊乃生焉。虽欲弭之，其将能乎？故平天下者，均天下而已。均，物之理，所以叙天之气也。

以上论述包含了十分丰富的思想内容，是他的"行之以自然"的经济思想的进一步展开。他确认"均"为气之常理，"均故无不盈"；反之，就会失去均衡，"所聚者盈溢，所损者空"；"空"酝酿着"蛊"（《易·蛊卦》："山下有风，蛊"），意味着重新达致均衡的大变动的来临。王夫之认为，这种自然法则同时也是社会经济生活的法则。土地兼并使得豪绅地主占有大量土地以致"土满而荒"，农民则失去了土地或仅占有少量耕地而导致"人满而馁"，加上"贪人败类聚敛以败国而国为腐"的严重政治腐败，使得农民"枵虚而怨"，犹如"得方生之气而摇"似的激发出他们对豪绅地主和腐败官僚的满腔仇恨，于是"一夫揭竿而天下响应"，明王朝的统治亦因此而覆亡。总结明王朝覆灭的历史教训，王夫之认为，只有遵照"均，物之理，所以叙天之气"的自然规律，实行"均天下"的治国方略，使人民过上"均故无不盈"的生活，才能避免因贫富两极的严重分化而导致的社会动乱，保证社会的长治久安。

那么，如何解决土地问题呢？王夫之说：

> 若土，则非王者之所得私也。天地之间，有土而人生其上，因资以养焉。有其力者治其地。故改姓受命而民自有其恒畴，不待王者之授之。

这是一个要求土地私有权的宣言。中国自古以来通行的是"普天之下，莫非王土"的金科玉律，皇帝是全国土地的最高所有者。开国帝王据此来实行所谓"均田""授田"，历代的帝王更以此为理由来任意剥夺和侵占人民的土地，朱明王朝的众多的王爷们占有的土地数目更是大得惊人。而王夫之则认为，土地不是帝王的私产，拥有土地"因资以养"是人民与生俱来的自然权利，应该遵循"有其力者治其地"的原则来保障人民"自有恒畴"的合法性。既然土地并非帝王的私产，所以王夫之强调帝王不得侵犯人民的土地所有权。

> 王者能臣天下之人，不能擅天下之土。人者，以时生者也。……若夫土，则天地之固有矣。王者代兴代废，而山川原隰不改其旧；其生百谷卉

木金石以养人，王者亦待养焉，无所待于王者也，而王者固不得而擅之。故井田之法，私家八而公一，君与卿大夫士共食之，而君不敢私。唯役民以助耕，而民所治之地，君弗得而侵焉。民之力，上所得而用，民之田，非上所得而有也。

王者虽为天之予，天地岂得而私之，而敢贪天地固然之博厚以割裂为己土乎？

这是王夫之对专制皇权的有力批判。封建帝王掌握着全国土地的最高所有权，以此为基础，帝王就可以任意剥夺臣民的土地、财产，甚至生命，就可以对天下臣民操生杀予夺之权。在这里，王夫之的论述确实接近了近代式的"私有财产神圣不可侵犯"的自然法。

然而，怎样抑制土地兼并这一历朝历代的不治之症呢？

首先是改革不合理的赋役制度，变以田亩计赋役为"以夫计赋役"。他称这种做法为"定民制"，为"劝农以均贫富之善术"。他说：

而惟度民以收租，而不度其田。一户之租若干，一口之租若干，有余力而耕地广、有余勤而获粟多者，无所取盈；窳废而弃地者，无所蠲减；民乃益珍其土而竞于农。其在强豪兼并之世尤便也，田已去而租不除，谁敢以其先畴为有力者之兼并乎？人各保其口分之业，人各劝于稼穑之事，强豪者又恶从而夺之？则度人而不度田，劝农以均贫富之善术，利在久长而民皆自得，此之谓定民制也。

王夫之认为实行"以夫计赋而不更求之地"的制度的主要好处是：使勤于耕作者不因其收获多而增加赋税负担，使懒惰者不能因弃地而免去赋税，从而使农民珍视他们祖祖辈辈耕种的土地，"各保其口分之业"而"各劝于稼穑之事"。农民自己珍视其赖以活命的土地了，强豪者又怎能肆意侵夺呢？因为大家都有土地，都努力耕作，那么贫富差距就不可能很大，所以王夫之说这是一种"均贫富之善术"。

王夫之最为深恶痛绝的是那些贪官污吏和那些充当他们的爪牙、直接去敲诈勒索农民的"猾胥里蠹"。实际上国家规定农民应上缴的赋税额是极为有限的，但一些贪官污吏和他们在乡里面的爪牙逼得农民丧失土地而难以维持生计。所以王夫之除了提出朝廷还要减轻赋税之外，还坚决主张制止官府和吏胥对农民的欺凌和盘剥，强调一定要"惩有司之贪"，禁止横行于农村社会基层的专制暴行。他认为朝廷制订的合理的赋役制度要与打击贪官污吏结合起来，只有前者而没有后者，朝廷关于减轻农民负担的良法美意就会成为一纸空文。二者结合起来，才能真正减轻农民的负担，使农民"不畏有田"，从而可以有效地抑制土地兼并。

由以上论述可见，王夫之所讲的"均天下"的"均"，是社会经济生活按其自然法则运行而达致"均衡"的意思，之所以不均衡，是行政权力的不正当行使，破坏经济运作的结果。去除了不合理的赋税制度和贪官污吏的敲诈勒索、以权谋私，经济运作就可以按其自然规律运行。虽然因人的智力差异而不可避免地导致贫富之间的差距，但人的智力差异毕竟有限，光凭智力不可能使贫富过于悬殊，因而总能达致某种均衡；何况在智力的竞争中，只要没有权力的干预，就不可能贫者总是贫、富者总是富。竞争既然是公平的，那么就谁也没有怨言。加上道德的"仁"与"恕"的调节贫富矛盾的作用，社会就可以在这既均衡而又充满竞争的生机和活力的状态中得以"日新而不滞"地发展。

王夫之的思想突破了农民的绝对平均主义的狭隘眼界。农民起义中提出的"均田""均贫富"的口号，虽然具有反对压迫和剥削的历史合理性，然而即使农民起义成功了，也只能是朱元璋式的专制政权的再版。许多开国帝王在登基后都会做一些"均贫富"的事，由此而必然要采用严刑峻法。对此，王夫之是坚决反对的。他说："均之者，非齐之也。设政以驱之齐，民固不齐矣。则必刑以继之，而后可齐也。政有成型，而刑必滥，申、商之所以为天下贼，唯此而已矣。"（《宋论》）事实上农民的绝对平均主义也行不通，其在中国历史上周期性的出现不过是章士钊先生所说的"五十年至一百年相杀一次以均财产"。要跳出这一历史的怪圈，只能打破行政权力直接支配经济运作的东方专制主义传统，让经济生活按其自然规律运行，其理想的结果也就是王夫之所说的"两间之气无不均"，即"均者，有不均也"的均衡，是相对平均，而非绝对平均。

　　由以上论述可见，王夫之所讲的"均天下"的"均"，是社会经济生活按其自然法则运行而达致"均衡"的意思，之所以不均衡，是行政权力的不正当行使，破坏经济运作的结果。去除了不合理的赋税制度和贪官污吏的敲诈勒索、以权谋私，经济运作就可以按其自然规律运行。

第六章 王夫之补漏拾遗

王夫之轶事传说

王夫之"嫁书"

王船山晚年隐居在湘西草堂，粗菜淡饭，过着十分清贫的生活。

一日，几位邻居问他："王先生，您大女儿快要出嫁了，怎么还不见您为她准备嫁妆呢？"王船山回答说："多谢各位高邻的挂心，我已经为女儿的嫁妆操办多年了。"

"您说办了多年，我们怎么没有看见呀？"

"不急，不急，等我女儿出嫁的那天，你们再来看吧。"

一晃，女儿的婚期到了。天刚蒙蒙亮，附近的大人小孩都来看热闹，把王家围了个严严实实，还有些人索性挤进船山先生的屋里，左右察看。

迎亲的花轿来到门口，热闹的鼓乐声一阵高过一阵。按规矩，新娘子应该离家上路了。这时候，船山先生不慌不忙地打开自己的书柜，从里面捧出一个涂着红漆的小木箱子，亲手交给女儿，郑重其事地说："这就是我给你准备多年的嫁妆。"

"里面装着什么宝贵东西呀？"看热闹的、迎亲的都想弄个明白，连新娘子心里也不清楚。一位来迎亲的中年妇女实在憋不住了，借帮着拿东西的机会，悄悄地把木箱子的盖掀开一看——"哎哟，里边原来是书和稿纸！"中年妇女吃惊的样子，引得周围的人都伸过脖子来……于是，有些人叽叽喳喳地议论开了：什么"没见过的事"啦，"值不上几个钱"啦，等等。说什么的都有。

船山先生的大女儿听到这些怪声怪气、怪言怪语的议论，心里很委屈，她转身跑回自己的屋里，伏在床边低声地哭起来。船山先生还是那样不慌不忙地朝众人摆摆手，然后走到女儿床前，轻轻地抚摸着她的肩膀，语重心长地说："好闺女，你平时勤奋好学，很对我的心意。为你的嫁妆我想了很多很多，可别小看箱子里的东西，那书册里，有我一生研究的学问；那稿纸上，有我多年写作的结果。它会教你怎样做一个有骨气、有出息的人的。什么金银财宝也比不上有用的知识啊！"

听了父亲的这番话，女儿心里亮堂起来。她抹掉眼泪，露出笑容，让人抬着那个红漆木箱恭恭敬敬地和父亲告别上路了。

从此以后，人们给王船山送了一副颂词："纵然是金玉满堂，哪比得上正学百卷。"

吟诗退"贼"

王船山在南岳方广寺起兵抗清失败后，就到广东肇庆投奔南明永历政权，继续从事抗清活动。因三次上书弹劾内阁大臣王化澄结奸误国，险遭不测，不得不逃回南岳山上的续梦庵，专心著书立说。一天夜里，王船山写书一直到深夜，感到有些疲惫，于是停下来，朗读文天祥的《正气歌》来消困。

王船山又来了精神，便继续写作。忽然，一阵冷风袭来，他发现屋梁上有一团黑影。他知道是个歹人，但装作没看见一样，镇定自若地高声读起自己写的一首诗来：

> 更深夜残北风号，
>
> 壮士何须身带刀？
>
> 架上经文余万卷，
>
> 也堪将去教儿曹。

诗刚读完，嗵地一声，那黑影从梁上跳到地上，来到王船山面前，立即跪下，连叩三个响头，对王船山说："王先生，请您恕罪！我上了奸贼的当，我瞎了眼，差点错杀一个好人。今日亲眼所见，您根本就不是奸诈的小人，您清贫自若，光明正大，您和文天祥一样，满身正气。"黑衣人说完后，就飞一样跑了。

原来，这个黑衣人就是南明永历朝廷大奸贼王化澄派来追杀王船山的。

以心送别

王船山平时都待在湘西草堂的楼上，很少下楼，也很少出门。他家楼梯旁边的墙角里放着一双木屐和一把雨伞，只要出门，不管天晴还是下雨，他都撑着纸伞，踏着木屐，以此表明自己头不顶清朝天，脚不踏清朝地的决心。

一日，一个叫做章有谟的抗清志士，千里迢迢从吴淞来到湘西草堂，拜访王船山。看到他全身是汗，风尘仆仆地站在自己面前，王船山十分高兴，连忙把他请到堂屋里。忽然，王船山双目圆瞪，十分惊讶地问道："你也成了满鞑子，蓄起辫子来了？"

"唉，不拖着这条尾巴不行啊！"章有谟长叹一口气说："一路上清兵盘查很严，没有这条辫子，我的头早就砍了，怎能来到这里。"说完，他反手一扯，气呼呼地把辫子甩在地上。

"呵呀，原来你用了瞒天过海的计策，真看不出来，把我也瞒过了。"王船山大笑着捡起假辫子，递给章有谟："丢不得的，还是留着它吧，回去的路上还得用咧。"

章有谟与王船山十分投缘，一转眼，便在湘西草堂住了一个多月。一天下午，章有谟依依不舍地前来告辞，要回吴淞去。王船山再三叮嘱他一路上要小心，回去后不要忘记了国家和民族，然后才舍不得地把他送下楼梯。送到第三步楼梯时，王船山忽然站住了，沉默了好一阵子，才说："请你一路上多保重，我心送你三十里。"

离开湘西草堂，章有谟上了路，边走边纳闷：分别时，王船山说好送我三十里，怎么只将我送到第三步楼梯呢？

半路上，突然要下雨了，章有谟才想起雨伞忘记带来，只好转身往回走，这时他发觉已经走了十五里路了。章有谟回到了湘西草堂，才发现船山老人仍毕恭毕敬地站在原地，"心送"朋友走完三十里……

叫卖生姜

这一年，衡州遇上一场罕见的大旱灾，一连两个多月没有下雨。地里的禾苗都干死了，许多农民被迫外出逃荒。有一天，王船山挑着一担生姜，拄着拐杖，撑着纸伞，踏着木屐，来到集上卖姜。

大约过了个把时辰，赶集的农民陆续回家了。王船山望着担子里的生姜，根本没卖出多少，不由得忧心起来。原来，他日夜辛劳著书立说，急需钱买纸和笔，可身上早已没有一文钱了，只得把自己种的生姜挖出来，挑到集上来换钱。

王船山叫卖生姜的吆喝声招来了一群书生，他们走过来，叽叽喳喳地议论开了：

"看，这不是王先生吗?"

"咦，他怎么来卖生姜呢?"

"老夫子天天写文章，怕是没有钱买纸笔了。"

"我们凑点钱，买一捆纸笔和墨送给他吧?"

一个书生提议说。

一会儿工夫，书生们买来了一大捆纸笔墨砚送给王船山。王船山捧着这些东西，又高高兴兴回家写书去了。

明月清风

王船山年纪大了，身体大不如前，日子也过得越来越清苦。但是，他起早贪黑笔耕不辍，每天在家著书立说。

有一天，王船山坐在床上，把两只脚伸在被窝里取暖，侧身伏在床边的一张书桌上写文章。

这时，王船山的孙子王生若慌慌张张地跑进屋里来，对父亲王虎止说，外面来了一顶官老爷的大轿，还跟着好多差役。王虎止正要出去看个究竟，只见一个差役径直走进来，问："这里是湘西草堂吗?"

王虎止连连点头，拱手回答："正是，请进屋里坐。"

差役传话说，府台大人亲自上门看望王老先生，速去门口迎接。话音未落，轿子就停在了湘西草堂门口，差役掀开帘子，府台崔鸣驀便从轿中走了出来。原来早在十年以前，吴三桂起兵反清在衡州做皇帝时，曾派人到湘西草堂请王船山为他写一篇《劝进表》。王船山不愿意写，便隐姓埋名逃到深山里躲了起来。巡抚郑瑞知道这件事后，敬佩王船山的节气，特地命崔鸣鷟前来送礼。

王虎止恭敬地将崔鸣鷟迎进堂屋，让座奉茶。崔鸣鷟一落座，就要王虎止去将王船山请下来相见。王虎止赶紧来到楼上，对王船山说："爹，知府崔大人看您来了，请求相见。"

王船山冷冷地说："不见。"

王虎止再次恳求说："爹……"

"我还是一句话，不见！"王船山干脆搁下笔，斜靠在墙壁上闭目养神，一副雷打不动的架势。

王虎止没办法，只得回到堂屋，赔着笑脸对崔鸣鷟说："家父病在床上，不能下来陪大人说话，实在有罪。"

崔鸣鷟一听，说："既然这样，那就算了。我想送点礼物，表示心意。"他一抬手，候在门外的差役们立刻抬进来好几箩白米和一捆白布。

王虎止急忙跑到楼上，将崔鸣鷟送了不少礼物的事情告诉父亲。

王船山一听脸色一沉，厉声说道："都退给他，我决不要清朝的礼物！"

王虎止拗不过父亲，不得不把礼物全部退给了崔鸣鷟。崔鸣鷟碰了一鼻子灰，只得尴尬地钻进轿子，打道回府了。

晚上，王船山坐在灯光下，回想起白天发生的事情，心里气愤难当，于是提笔写下了一副对联："清风有意难留我，明月无心自照人。"随后，他吩咐王虎止提灯打火，连夜将对联贴在墙壁上。这里，"清"暗指清政府，"明"暗指明朝。

王夫之故居

湘西草堂

湘西草堂是我国明末清初著名思想家、哲学家王夫之的故居，坐落于衡阳县曲兰乡湘西村菜塘弯石船山附近。湘西草堂始建于清康熙十四年（1675年）冬，时茅屋3间，中为堂屋，左为居室，右为书房。

湘西草堂内景

王夫之逝世后，其子王敔于康熙五十四年（1715年）将茅屋改为砖木结构瓦房。敔殁，草堂几经沧桑，屋宇田堂"竟属毫右"，至乾隆六十年（1975），由王夫之的曾孙王其旋设法收回，并加修葺。嘉庆癸酉（1813年）、乙亥（1815年）改作祠堂，门额题"船山祠"。咸丰辛酉（1861年），祀田收回，祀产复完。自此，湘西草堂得以保存。1981年，当地政府对草堂进行全面修复，并对外开放。

湘西草堂坐西北、朝东南，占地2100平方米，建筑面积176千方米。横列式平房，前出廊；一进三间，中为堂屋，两侧厢房；悬山顶，盖小青瓦，为湘南一般民居建筑风格。门额题"湘西草堂"，系赵朴初书丹；门联为"清风有意难留我；明月无心自照人"；前廊树石碑两通，分别为清宣统二年（1910）衡永郴桂兵备道保护草堂告示和衡阳县人民政府保护草堂的通告。堂屋内正中悬王船山画像及船山自撰联"六经责我开生面，我自从天乞活埋"，画像上悬挂着清道光年间两江总督陶澍题写的匾额"岳衡仰止"。正厅的左边正房为住室，陈列有船山的床

王夫之遗物：古琴

铺、被席、书桌、七弦琴等复制品；右边的正房是书房，陈列有船山的部分著作，还有当代全国著名书画家撰写的条屏、楹联。湘西草堂在右前方0.5公里许有一枫树，名"枫马"，王船山生前常在此读书；左行1公里许有前故居败叶庐，5公里以外大罗山下有船山墓庐。

草堂院内，茂林修竹，绿阴如盖，旁有古枫，其干粗大而弯曲，形若骏马昂首跃前，王船山生前称之为"枫马"。还有一株古藤，铁骨盘旋，蜿蜒上升，俗称"藤龙"。据说是王船山亲手栽的。如今枫马藤龙奇状异貌，生机盎然，中外游客誉之为草堂"奇观"。

王船山先生后半生在此潜修十七年，发奋著述，终老于斯，遗著800余万字。自题堂联云："芷香沅澧三闾国；芜绿湘西一草堂。"

王夫之墓

王夫之墓位于曲兰乡船山村虎形山，建于1692年，原由青石块建成，有墓碑、墓志。墓碑正中镌刻："明徵仕郎行人王公姜斋府君之墓"。两边石联刻王闿运所题："前朝干净土，高节大罗山"；"世臣乔木千年屋，南国儒林第一人"。墓前稍左有墓庐，砖墙瓦顶，中有铜钟，款铸"明行人王夫之墓庐，东洲船山书院制"。清衡阳县知县曾刻石保护王夫之祠墓。"文化大革命"期间被破坏。1980年，湖南省文化局拨款修复，新竖白玉碑，高2.3米，中刻"伟大思想家王而农先生之墓"。左刻王夫之自题墓志铭，右刻王夫之生平简介。立石柱6根，除刻王闿运所题二联外，增刻唐鉴一联:"自抱孤忠悲越石，群推正学接横渠"。墓前设三级台阶，供人们瞻仰凭吊。第二级石阶两旁各竖石碑，左刻重修王船山墓记，右刻衡阳县人民政府关于保护王夫之墓的布告。墓庐完好。1981年，衡阳县人民政府在大罗山种植樟树、枫树、柏树等风景树木700余，现长势葱茏，四季苍翠。

王夫之墓

附录：王夫之年谱

明万历四十七年（公元 1619 年）

1 岁。农历九月初一子时，公历 10 月 17 日，生于湖南衡阳城南回雁峰王衙坪。

明天启二年（公元 1622 年）

4 岁。从长兄开蒙。

明天启五年（公元 1625 年）

7 岁。从长兄读毕十三经。

明崇祯元年（公元 1628 年）

10 岁。从父受五经经义，始学古代哲学和史学。

明崇祯五年（公元 1632 年）

14 岁。中秀才。入衡阳县学。

明崇祯六年（公元 1633 年）

15 岁。从长兄次兄首赴武昌应乡试。

明崇祯七年（公元 1634 年）

16 岁。始学作诗。衡郡岁试一等一名。

明崇祯九年（公元 1636 年）

18 岁。衡郡科试一等。从长兄次兄二赴武昌应乡试。

明崇祯十年（公元 1637 年）

19 岁。娶同县陶万梧处士之女。从叔父学史与诗。

明崇祯十一年（公元 1638 年）

20 岁。读书岳麓书院。与邝鹏升等结"行社"。

明崇祯十二年（公元 1639 年）

21岁。从长兄次兄三赴武昌应乡试。与郭凤跹、管嗣裘、文之勇等结"匡社"。

明崇祯十四年（公元 1641 年）

23岁。衡郡岁试一等。文评："忠肝义胆，情见乎词。"

明崇祯十五年（公元 1642 年）

24岁。衡郡科试一等。与长兄次兄四赴武昌应乡试，以《春秋》魁中式第五名。长兄中式第四十名。十一月，奉父命与兄间道南昌赴公车北上应会试。

明崇祯十六年（公元 1643 年）

25岁。崇祯诏改本年会试八月举行。返湘，自资刻处女作《漧涛园诗集》，旋毁于兵。避张（献忠）黑沙潭，作《九砺》九章。大乱中原稿遗失，今仅存一章，系六十八岁时回忆所得。

明崇祯十七年，清顺治元年（公元 1644 年）

26岁。三月，李自成陷北京，崇祯帝自缢。四月，吴三桂引清军入关，破走李自成。五月，多尔衮率清兵定北京。

闻国变，悲愤不食数日，作《悲愤诗》百韵。冬于南岳双髻峰下黑沙潭畔营修"续梦庵"，作为避兵常居之所。

五月，福王朱由崧立于金陵，以明年为宏光元年。十月，清世祖福临登基，改元顺治。

南明福王宏光元年、唐王隆武元年，清顺治二年（公元 1645 年）

27岁。居续梦庵。五月，清军陷金陵，明总兵田雄劫福王降，至太平福王遇害。闻变，续《悲愤诗》一百韵。夏秋侍父避兵永兴。十一月返山居。

闰六月，明礼部尚书黄道周等拥立唐王朱聿键于福州，改元隆武，是为绍宗。

南明唐王隆武二年，清顺治三年（公元 1646 年）

28岁。居续梦庵。始注《周易》。夏至湘阴上书司马监军湖北巡抚章旷，请调和南北督师，以防溃变，未被采纳。八月，清军陷汀州，唐王被执。闻变，再续《悲愤诗》一百韵。奉父命编《春秋家说》。成《莲峰志》五卷。原配陶孺人去世，葬王衡山。

十一月，苏观生等拥立唐王于广州，改元绍武。未几，桂王朱由榔称帝于肇庆，改明年元为永历。十二月，清军破广州，绍武帝自杀，永历帝走梧州。

南明桂王永历元年，清顺治四年（公元 1647 年）

29 岁。居续梦庵。四月，清军占领湘阴，桂王至武冈。与夏汝弼奔武冈，雨阻车架山。五月，清兵破衡州，与夏汝弼避索湘乡。十一月，父卒，享年七十八岁。

南明桂王永历二年，清顺治五年（公元 1648 年）

30 岁。居续梦庵。十月，与管嗣裘、性翰、夏汝弼等举兵衡山，战败兵溃。乃由郴、桂入粤，径赴肇庆。以"终制"疏辞进仕，赞襄抗清军务。

南明桂王永历三年，清顺治六年（公元 1649 年）

31 岁。夏，自桂林归南岳省母。遭土人劫室。奉母命复赴肇庆。

南明桂王永历四年，清顺治七年（公元 1650 年）

32 岁。守制终。二月续弦桂林，娶襄阳郑仪珂之女，距原配陶孺人之卒三年有余。旋至梧州就任行人司行人介子。三疏参劾王化澄结奸误国，几遭不测，幸忠贞营统帅高必正营救得免。七月，返桂林，佐留守瞿式耜部署抗清。八月，母谭太孺人卒。十一月，清兵破广州，下桂林，督师瞿式耜等孤军殉国。桂王走南宁，诸多忠臣遇害。至此，甚觉南明不可为。始绝意涉世，潜心学术。

南明桂王永历五年，清顺治八年（公元 1651 年）

33 岁。自桂挈眷抵家。始奉母讳。

南明桂王永历六年，清顺治九年（公元 1652 年）

34 岁。春徙衡阳、祁阳、邵阳交界之耶姜山，屏迹居幽。张献忠余部孙可望联明抗清，劫迁桂王至安隆。八月，孙可望别将李定国破衡州，召先生入军。欲往不果。

南明桂王永历七年，清顺治十年（公元 1653 年）

35 岁。居耶姜山。再次拒邀赴安隆，作《章灵赋》以见志。终决意林泉，潜心学术。

南明桂王永历八年，清顺治十一年（公元 1654 年）

36 岁。誓死抵抗"剃发"。八月，变姓名，易装束，浪游于浯溪、郴州、耒阳、兴宁、涟邵之间。冬徙常宁西南乡小祇园侧西庄源，为常人说《易》与《春秋》。

南明永历九年，清顺治十二年（公元 1655 年）

37 岁。春游兴宁山，客寓僧寺。为从游者说《春秋》。始作《周易外传》。八月，今本《老子衍》成。

南明桂王永历十年，清顺治十三年（公元 1656 年）

38 岁。居西庄源。三月，《黄书》成。冬还衡阳。

南明桂王永历十一年，清顺治十四年（公元 1657 年）

39 岁。春居西庄源。夏归续梦庵。十二月至小云山下访刘近鲁。刘有藏书 6000 余册。

南明桂王永历十二年，清顺治十五年（公元 1658 年）

40 岁。居续梦庵。衡阳诸生戴晋元来学《易》。九月，《家世节录》成。

南明桂王永历十三年，清顺治十六年（公元 1659 年）

41 岁。居续梦庵。二月，桂王奔缅甸。

南明桂王永历十四年，清顺治十七年（公元 1660 年）

42 岁。春居续梦庵。旋徙湘西金兰乡高节里，筑小屋"败叶庐"于茱萸塘。

南明桂王永历十五年，清顺治十八年（公元 1661 年）

43 岁。居败叶庐。以授课生徒为业。六月，郑孺人卒，年二十九。自夏至秋作《续落花诗》《广落花诗》《补落花诗》等六十九首，与《正落花诗》合编为《落花诗集》。

正月，清世祖死，子玄烨嗣，改明年为康熙元年。十二月，吴三桂入缅甸，强迫缅国王献出桂王。

清康熙元年（公元 1662 年）

44 岁。居败叶庐。四月，惊闻永历帝于昆明亡，几位抗清英雄如李定国、李来亨、白文选等先后殉国，南明最后一个政权从此覆灭，悲愤至极，又续《悲愤诗》一百韵。连前合计共四百韵，均失传。

清康熙二年（公元 1663 年）

45 岁。居败叶庐。六月作《遣兴诗》七十六首、《广遣兴诗》五十八首，自称一瓠道人。《尚书引义》六卷成。

清康熙四年（公元 1665 年）

47 岁。居败叶庐。新年写成《和梅花百咏诗》。中秋后又作《王百谷梅花绝句》十首。重定《读四书大全说》。

清康熙五年（公元 1666 年）

48 岁。居败叶庐。衡阳唐端笏（须竹）来游门下，直至其殁，前后二十六年。发渐白。

清康熙七年（公元 1668 年）

50 岁。居败叶庐。七月，成《春秋家说》三卷、《春秋世论》五卷。自二十八岁受父命编《春秋家说》，先后二十二年。

清康熙八年（公元 1669 年）

51 岁。居败叶庐。三配张孺人。成《续春秋左氏传博议》二卷、《洞庭秋诗》三十首、《雁字诗》十九首。辑三十岁以来所作古、近体诗为《五十自定稿》一卷。冬筑"观生居"于石船山下。

清康熙九年（公元 1670 年）

52 岁。春冬居观生居，夏秋居败叶庐，岁以为常，直至石船山下另筑草堂为止。始落齿。诗兴大发，多有诗作。

清康熙十一年（公元 1672 年）

54 岁。春定《老子衍》。可惜这部定本次年被学生唐端笏携归家后遭火灾。今本《老子衍》为三十七岁时初稿。八月，闻方以智逝世，"不禁狂哭"，痛定成哭方诗七言近体二章。

清康熙十二年（公元 1673 年）

55 岁。《礼记章句》初稿成。正月，康熙下令"撤藩"。十一月，平西王吴三桂率先发难，靖南王耿精忠、平南王尚可喜之子尚之信相继响应。是为"三藩之乱"。

清康熙十三年（公元 1674 年）

56 岁。正月，吴三桂兵至衡州。避吴，先有上湘之行至湘乡，复有衡山之旅至衡州。秋与唐须竹渡洞庭。对吴、耿、尚"三藩反满"，尤其是吴三桂，颇为关注。冬归观生居。

清康熙十四年（公元 1675 年）

　　57 岁。继续奔走于上湘下湘之间。二月舟泊长沙水陆洲，刘思肯过舟写小照。旋即过湘阴，渡洞庭，至岳阳。三月复返长沙，至衡州。六月，与李缓山、章有谟同登衡阳回雁峰。八月，在萍乡度中秋。九月，经湘潭，过湘阴，还观生居。旋去观生居二里许石船山下里人旧址筑茅屋，名"湘西草堂"。

清康熙十五年（公元 1676 年）

　　58 岁。居湘西草堂。成《周易大象解》一卷。

　　秋，反满联军败局已定。十月，耿精忠降。

清康熙十六年（公元 1677 年）

　　59 岁。居湘西草堂。七月，《礼记章句》四十九卷定稿。

清康熙十七年（公元 1678 年）

　　60 岁。居湘西草堂。吴三桂称帝衡州。拒写劝进表。遁深山，作《祓楔赋》以明志。此赋全文已失，今存一段，乃王敔《姜斋公行述》之引文。

清康熙十八年（公元 1679 年）

　　61 岁。避兵深山，著《庄子通》一卷。秋返湘西草堂。

清康熙十九年（公元 1680 年）

　　62 岁。居湘西草堂。辑五十岁以后未收入《柳岸吟》之诗章为《六十自定稿》一卷。成《宋论》初稿。

清康熙二十年（公元 1681 年）

　　63 岁。居湘西草堂。成《庄子解》三十三卷、《相宗络索》一卷、《广哀诗》十九首。为及门诸子说《庄子》。

　　十月，清兵破滇都，吴世瑶自杀，吴氏称兵八年而亡。

清康熙二十一年（公元 1682 年）

　　64 岁。居湘西草堂。九月，成《说文广义》两卷。十月，成《噩梦》一卷。十一月复病。

　　三藩平定，湖南中丞派衡州知州亲自拜会，以表拒劝进。称病，力辞谋面，将礼物全数退还。

清康熙二十二年（公元 1683 年）

65 岁。居湘西草堂。正月，成《经义》一卷。重定《诗广传》五卷。八月复病。十一月，撰《显考武夷府君行状》《显妣谭太孺人行状》。

八月，郑克壤受诏。自郑成功 1661 年入台南逐荷人，郑王朝先后历三世 22 年。

清康熙二十三年（公元 1684 年）

66 岁。居湘西草堂。春，大病垂危，一卷。十月复病。附录 66 岁至秋始起床。病中成《俟解》。

清康熙二十四年（公元 1685 年）

67 岁。居湘西草堂。春成《张子正蒙注》九卷。八月，成《楚辞通释》十四卷。勉为从游诸子撰《周易内传》六卷、《周易内传发例》一卷。多有诗作。

清康熙二十五年（公元 1686 年）

68 岁。居湘西草堂。大病，幸免于死。五月，跋《耐园家训》。六月，书《传家十四戒》。夏忆二十九岁前十余年诗作成《忆得》一卷。八月，重定《周易内传》《周易内传发例》。秋撰《石崖先生传略》。冬赴长乐乡治丧，归作《孤鸿赋》。

清康熙二十六年（公元 1687 年）

69 岁。居湘西草堂。正月病益衰。成《读通鉴论》初稿。九月，抱病送兄柩人土。归后复病，不复离草堂。

清康熙二十七年（公元 1688 年）

70 岁。五月，成《南窗漫记》一卷。秋成《霜赋》，撰《武夷先生暨谭太孺人合葬墓志》。冬辑六十岁以后诗作为《七十自定稿》一卷。

清康熙二十八年（公元 1689 年）

71 岁。衰病中著《识小录》一卷。四月，重定《尚书引义》。九月，刘思肯来写小照；词《鹧鸪天》，自题小照；书《自题墓石》；撰《己巳九月书授放》。

清康熙二十九年（公元 1690 年）

72 岁。正月，成《夕堂永日绪论》二卷。编各种诗文评选。夏，重定《张子正蒙注》。

清康熙三十年（公元 1691 年）

73 岁。四月，咳喘中定稿《读通鉴论》三十卷，《宋论》十五卷。

清康熙三十一年（公元 1692 年）

  74 岁。农历正月初二日午时，公历 2 月 18 日，卒于湘西草堂。十月，葬衡阳金兰乡高节里大罗山（距草堂约八里）。墓碑额镌"遗命墓铭"；铭文:"有明遗臣行人王夫之字而农葬于此，其左则继配襄阳郑氏之所祔也。王夫之一生不用清朝纪元。墓碑"戊申纪元"为明太祖洪武元年，公元 1368 年。